JN410532

방승순 수필집

흑석동 산1번지

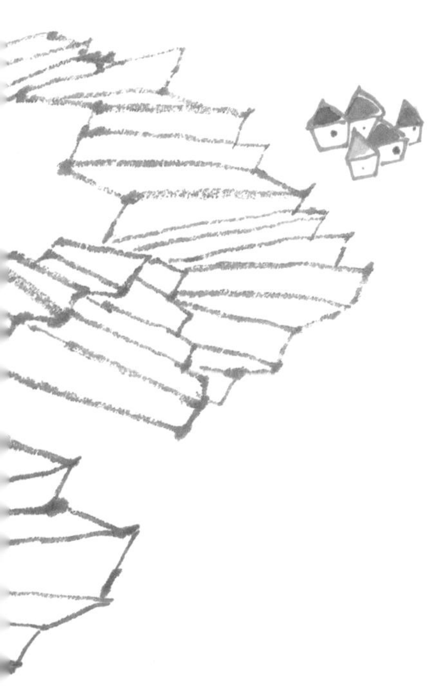

흑석동 산1번지

방승순 수필집

이지출판

흑석동 산 1번지

마른나무에 단비 같은 글쓰기

우리 집 베란다에는 어느 해 겨울에 얼어 죽은 남방 식물 해피트리가 항아리마저 깨진 채 흉물스럽게 놓여 있었다. 내다버리기를 바라는 가족들의 권고를 뿌리치고, 다른 나무들에게처럼 정기적으로 물을 주고 보살펴 주었다. 바싹 마른 흙과 죽은 등걸이 안쓰러워 어느 날엔가 버려지는 날까지 애정 어린 관심을 놓지 않기 위해서였다.

그렇게 2년쯤 뒤 봄에 실 같은 싹이 한둘 솟았다. 메마름과 앙상함을 떨치고 부드러운 잎이 고개를 들기 시작했다. 점점 더 움이 트고 개개의 잎으로 살아나며 본래의 모습을 나날이 갖추어 갔다. 이같이 오랜 시간 새로 태어나느라 소리 없이 고통을 겪은 한 그루 나무. 2년여를 죽어 있던 마른 가지에서 아름다운 생명이 피어나다니. 끊임없는 관심과 애정을 쏟아부은 결과였다.

나는 스스로의 내적 풍요를 다지기 위해 어떤 노력과 공력을 들였던가? 겨우 가정의 행복을 위해 자비의 손길을 뻗었을 뿐이다. 결국 내 정신이 메말라간다고 깨달았을 때 문득 쓰고 싶어졌다. 죽은 나무를 살려 낸 끈기를 발현해서 부끄러울 수도 있는 내 치부를 드러낼 각오를 하고 쓰고 싶었다. 현실적으로 내 지식의 창고가 비어 있었고, 가족들과의 관계를 문자화하기가 마음에 걸렸지만 흘러간 물로 물레방아라도 돌려야 다가오는 세월을 감당할 수 있겠다는 믿음이 싹텄다.

20여 년 전 급격한 스트레스로 앞을 볼 수 없었으나 남편의 지극한 간호로 시력이 회복되었다. 그때 암흑의 세계에서 빛을 찾고 보니 더욱 무슨 글이든 쓰고 싶었다. 마침 집 근처 있는 구성향교에서 김태호 선생님에게 시를 배우게 되었고, 용인시민백일장에서 '노을'로 장려상을 받았다. 이를 바탕으로 서사적인 글을 쓰고 싶을 즈음 손광성 선생님의 문하생이 되었다. 그때부터 글쓰기 기초교육을 시작으로 인문학 전체를 아우르는 선생님의 강의를 들으면서 점점 수필 세계에 빠져들었다. 선생님은 단비에 거름까지 내주셨다.

글길을 걸어온 지 5~6년 세월이 흘렀다. 문장이 빈약하고, 논리로 주제를 드러내기에는 문체가 단련되지 못했음을 알면서 더욱 분발하고자 설익은 '글발'을 내딛는다. 이제 서릿발 채찍이면 달릴 수 있을 것 같다. 죽은 줄 알았던 해피트리에서 새싹이 났던 것처럼 지심으로 글밭을 이뤄 보고 싶다.

지금은 고인이 되신 부림원장 할아버지, 서울대 정흠, 김용태 교수님, 김중호 한의원 원장님, 안과 6번 진찰실의 안숙희 선생님, 이분들의 보살핌을 기억한다. 또 앞이 잘 보이지 않던 나와 실컷 놀아준 벗들, 고맙다. 끝으로 늘 힘이 되어 준 남편과 응원해 주는 아들, 딸, 며느리에게 감사한다.

2016년 10월

방 승 순

● 차례

2. 어둠의 장막을 걷어내며

3. 그리운 기억

4. 어느 오전의 발칙한 상상

5. 노년의 빈손

1.

아녜스의 노래

무당벌레

소음도 친해지면 견딜 만하다

도서관 풍경

행복하게 사는 방식

순백의 향연

아녜스의 노래

우연한 만남

오랜만에 받아본 꽃바구니

뒤태가 멋지다고?

풀꽃 선물

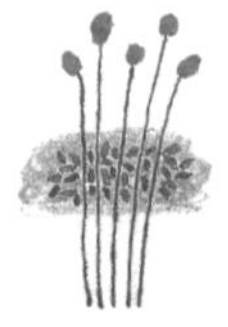

무당벌레

수백 마리는 될 듯싶다. 한바탕 벌어지는 흘레 파티. 담홍색 혹은 담황색 바탕에 연두색과 파스텔 톤 푸른 무늬가 선명했다. 보통 무당벌레 등딱지는 홍색이나 황색 바탕에 검은 반점인 줄 알았는데 줄무늬에 이중의 색깔이 오묘하고 화려했다. 마치 남생이 등딱지 무늬 같았다.

무당벌레가 익충益蟲이라는 것을 얼마 전에야 알았다. 작지만 요염하고 매혹적인 곤충이려니 생각했다. 요상한 냄새를 풍겨 다른 곤충을 유인할 것으로 생각해 요부 혹은 애첩 기질이 있는 곤충쯤으로 여겼다.

남편은 한때 바람처럼 떠돌았다. 그때 상대 여자를 '무당벌레'라고 비난했던 적이 있다. 작지만 무늬가 화려한 탓에 내 상상이 만든 웃지 못할 일이었다. 오죽하면 이다음에 무당벌레로 다시 태어나고 싶다는 생각까지 했을까.

그 많은 무리 중 외톨이는 하나도 없었다. 모두 쌍쌍이 몸을 겹쳤다. 물 한 방울 정도밖에 되지 않는 고것들이 들여다보는 낌새를 알아챘는지 포갠 채로 흩어지지 않고 태연하게 건물 틈새나 창틈으로 숨어들기 시작했다. 사람이라면 아마도 줄행랑을 치는 것이 정석일 법한데 전혀 동요하지 않고 여유롭게 이동하는 무리들이 오묘한 장관이었다.

그들에게 나는 이방인이자 불경스러운 대상이었을 것이다. 저들이 보기에 산 같은 거인이었을 테니 두렵기도 했을 것이나, 사람이나 다를 바 없이 황홀지경이어서 차마 흩어지지 못하고 그 상태대로 몸을 피한 게 아닐까. 하지만 그건 나만의 생각일지 모른다. 그들은 단지 종족을 번식하기 위한 의식일 뿐인데, 어찌하여 인간의 성적 쾌락이라는 거추장스러운 옷을 입히는 것인가. 그날 신비한 자연의 섭리를 볼 수 있다는 것에 감사했다.

고놈들이 스며들어간 목조건물 뒤편의 늙은 오동나무가 제 몸에 맺힌 열매들을 자그락거리며 몸을 떨고 있었다.

소음도 친해지면 견딜 만하다

북창 너머 풍경을 몇 시간째 바라보고 있다. 잘 가꾸어 놓은 인공 숲에서 여름 한철을 맹렬히 견뎌내야 하는 매미 울음소리가 무더위를 쥐어짠다. 낮게 드리웠던 운무가 걷히면서 저 건너편이 투명하게 다가온다. 수풀 속 환희를 읽을 수 있을 것만 같다.

아파트 단지와 인접한 주택가 골목을 누비는 자동차 행상의 확성기 소리가 들린다. 그 소리도 며칠 만에 들으니 반갑다. 신축 중이던 연립주택도 작업이 다시 시작되었는지 삽질 소리가 요란하다. 오랜만에 장맛비가 그치니 세상이 동시에 깨어나 기지개를 켜는 듯하다.

산 밑 다소곳한 지붕에 고즈넉함이 살푼 내려앉는다. 문득 대상을 알 수 없는 그리움이 인다. 그러나 그것도 잠시, 적요를 휘젓는 비행기 굉음이 요란스럽다. 서부전선이 가까워서인지 간혹 들려오는 소리다. 자동차 행상의 확성기 소리가 도돌이표 악보처럼 반복된다.

자동차 경적, 불자동차 소리, 앰뷸런스 소리 등 소리들이 뒤섞이고 늘 그래왔듯 한바탕 소란을 몰고 온다. 잠들지 않는 소음 탓에 문득문득 도시를 떠나고 싶어진다. 냇물이 졸졸 흐르고 멧새들이 쉴 새 없이 노래하는 한적한 시골의 자투리땅이라도 좋다. 언뜻 법정 스님의 무소유가 생각나기도 한다.

하지만 떠나서 살 수 없는 입장이라면 현실을 수용해야만 한다. 이 생활을 떠난다 한들 거기도 사람 사는 세상, 사람이 사람을 피해서 살 수 있을까. 멀리 내치고 싶은 소음도 때로는 벗이 된다더니, 꼭 이럴 때 하는 말이다.

그래도 나는 날마다 꿈을 꾼다. 떠나고 싶다고, 꼭 떠나고 싶다고. 꿈은 사위질 않아서 또 꿈을 꾸는 것인가. 저기, 솜처럼 뭉게구름이 몽글몽글 피어오른다.

도서관 풍경

나무늘보처럼 긴장이 풀어진 연속이었다. 섬광처럼 정신이 퍼뜩 들어온 어느 날이었다. 늘어진 일상의 끈을 팽팽히 당기기 위한 방책으로 도서관에 가보고 싶었다. 어떤 책이든 몰입해서 읽고 싶었다.

1970년대였다. 통금이 해제되는 즉시 새벽 첫차를 타고 남산도서관으로 갔었다. 개관 시간은 멀었지만 어슴푸레한 여명 속에 길게 늘어선 줄은 지식에 대한 갈구의 행렬이었다. 종일 의자에 엉덩이를 붙이고 긴 시간을 보낸 다음의 시험 결과는 꽤 만족스러웠다.

10여 년 전, 용인시민백일장에서 '노을' 이라는 시로 장려상을 받게 되었다. 그 뒤 막연하게나마 문학이라는 범주에서 어슬렁거리고 싶은 욕망이 생겼다. 유명한 시인이 될 것이라는 신념도 없이 그냥 좋아서 시작했다. 그렇게 세상을 바라보고 나를 성찰할 수 있는 기회와 여유가 있다는 것에 위안을 삼았다.

그런데 문학적 논리성이 턱없이 부족하다는 것을 실감하게 되고 보니 어떻게든 책을 읽어야 했다. 이때 아들과 며느리의 적극적인 권유로 용기를 내어 새치머리가 희끗한 여자가 젊은 청년들 틈에 끼어 도서관 책상에 앉을 수 있었다.

도서관 문을 열고 들어서니 1970년대 그때와 같은 듯하면서도 다른 이 느낌은 뭘까. 마치 금기의 땅을 밟듯 조심스러우면서도 설레었다. 도서관이 어느 계층만을 위한 장소는 아니지만, 내가 이곳과 어울리지 않는 듯한 것은 왜일까. 둘러보니 역시 젊은이들이 대부분이다. 누가 오지 말라고 한 것도 아니고, 젊은이들의 특권도 아니건만 이곳이 생소한 것은 나의 선입견과 길들여지지 않은 어색함 탓이었다.

첫날은 배치도를 한참 동안 살펴보고서야 자리를 찾아

갔다. 숨소리를 죽이고 의자에 살며시 가방을 내려놓는데 전화벨이 요란하게 울렸다. 수십 개의 눈과 귀가 내게로 쏠리자 당황한 내 손은 얼른 소리를 잡아내지 못했다. 옆자리에 앉은 사람의 "미리미리 소리나지 않게 준비를 하셔야죠"라는 면박에 얼굴이 더 달아오른 나는 아무 대꾸도 하지 못한 채 고개만 주억거렸었다.

요즘 나는 지정석에 앉기 전 자판기 커피 한잔 마시는 여유도 갖는다. 운동 전 몸풀기 준비체조라고나 할까. 쌉쌀하게 혀에 감겨오는 그 맛은 정독 뒤에 찾아오는 묘한 쾌감과 닮았다. 오늘도 나는 창가로 다가가 바깥 풍경을 감상한다. 도서관 마당엔 늦봄이 그득하다. 풀밭에 앉혀 놓은 작은 벤치. 문득 의자에 뿔테안경을 씌워 주고 싶다는 생각이 들었다. 도수 높은 안경을 걸치고 풀밭에 앉아 떠듬떠듬 늦봄을 읽는 노익장.

거기엔 내 그림자가 덧씌워져 있었다. 바람은 얌전히 두 손을 무릎에 모은 채 듣고 있을까. 풀들은 푸른 귀를 쫑긋 세우고 있을까. 먹이를 찾아 나선 비둘기 몇 마리가 뒤뚱뒤뚱 바닥을 읽고 있다.

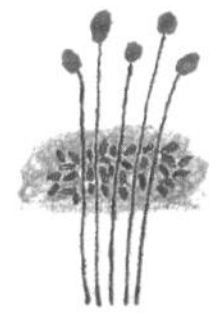

행복하게 사는 방식

강화 섬 하점. 수령을 알 수 없는 고욤나무 아래로 반질거리는 장독들이 가지런하다. 운치에 흠뻑 취한 팔각정이 주인 부부의 넉넉한 인심을 닮은 담 없는 빨간 벽돌집을 내려다보고 있다. 그 동쪽 창 건너 잘생긴 당단풍 두 그루가 나무탁자에 그늘을 내려놓아 누구든 노독을 풀고 싶은 곳. 의자 주변으로 일련초 꽃들이 곱다.

묵정밭이나 다름없던 곳을 내외가 백 톤의 흙을 부어 정성으로 다지고 가꾼 덕에 낙원이 되었다. 담이 없어 골목을 향해 온전히 열려 있는 너른 마당은 소나무와 잡목이 우거진 낮은 산과 연결되고 언넉까시 푸른 잔디밭이 펼쳐져 있다.

그 마루터기 통나무집에 앉아 보면, 그리 멀지 않게 산줄기가 끝없이 이어진다. 산 밑으로 부락을 이루는 지붕 색채들이 조화로워서 아름다운 풍경이 된다. 또 누각 옆으로 머루와 다래 넝쿨을 올리기 위한 목제 구조물에는 넝쿨을 단단히 의지한 다래와 머루가 제법 열린다. 썩은 통나무 의자 틈새마다 꽃같이 피어나는 운지버섯은 그곳의 운치를 한껏 더해 준다. 거기 풀벌레 소리며, 온갖 새소리가 있을 만큼 있은 인생의 낙점과 알맞게 버무려진다.

산 아래로 이어지는 잔디 언덕엔 여러 그루의 매화나무가 흐드러지고, 울퉁불퉁한 석축 위 아름다운 개복숭아 꽃은 아직 농염이 돋지 않은 어린 기녀 같기도 하고, 촌색시 같기도 하다. 이어서 구릉의 송진내 풍기는 경계를 중심으로 빽빽이 심어 놓은 보리수가 환한 꽃등을 밝히고 있다.

잔디의 촉이 누렇게 마르고 머루 다래 잎들이 나뒹굴 즈음, 나목에는 잘 익은 감이 외롭게 매달리고 씨방을 드러낸 오동의 열매가 재그락거린다. 그때쯤 산비둘기 울음은 더욱 애처로워서 마치 절규 같지 않을까. 누구는 그 울음

소리를 '자식 죽고 계집 죽고' 라는 통곡이라고 했다.

그 너른 마당은 친분이 돈독하다거나 특별한 신분이 아니어도 친근하게 발을 들여놓을 수 있다. 대신 주인은 손님맞이로 늘 분주하다. 원주민인 이웃과 나누며 사는 것은 기본, 밥때가 되면 이웃 주민에게 일일이 전화를 걸어 초대하고 잔치음식을 내놓듯 두레상을 정성들여 차려낸다. 그래서 방문객들은 자연스럽게 그 마을 주민들과 친분을 갖게 된다.

지나가다 구경 왔다는 사람까지 그냥 보내는 법이 없다. 일일이 시설을 내보이고 전망 좋은 누각에 인도해 다과를 내놓는다. 안주인이 너무 고단한 게 아닌가 하여 만류를 하지만, 그것이 행복하게 사는 방식이라며 웃는다.

검은 고무장화에 챙 넓은 농립 차림인 바깥주인은 직접 가꾼 무공해 작물을 찾아오는 이들에게 고루 싸준다. 그리고 손수 팬 장작으로 찜질방에 뜨끈뜨끈한 인심을 지펴주는 것도 잊지 않는다. 바닷바람이 공기를 정화시켜 주는지 유난히 하늘이 맑아 별 보는 밤이면 모닥불을 피워준다. 다닥디닥 장작의 불똥 소리는 이야기 소리며 노랫소리에 장단을 맞춘다.

'행복이란 나 혼자만으로는 의미가 없다' 고 말하는 그 집 부부는 좋아하는 사람들과 어울리는 삶이 즐겁고 행복하기 때문에 어떤 방식으로든 모든 지인들에게 인생은 아름답다는 것을 느끼게 해 주고 싶다고 한다. 그것이 미안하고 과분해서 어쩔 줄 몰라 하면, 안주인은 농담 한마디로 좌중을 뒤집어 놓는다.

그렇게 한바탕 웃고 나면 더욱 살가워지고 편안해진다. 그녀의 해학은 사람을 경계심에서 무장해제시키는 신통력이 있다. 부부의 넉넉하고 온유한 인간적 면모가 너른 마당에 소통의 꽃으로 활짝 핀다.

순백의 향연

하늘과 땅의 경계를 구분할 수 없을 만큼 눈이 내렸다. 잘난 것이나 못난 것이나 넘치는 것이나 모자라는 것을 구별할 수 없을 정도로 시가지는 고요하고 평등해졌다. 사람이 만든 구별과 편견을 지워 버린 눈의 위력이 대단할 뿐이다. 인공적으로는 이런 풍경을 연출할 수 없으니 하늘이 고맙고도 두렵다.

하늘이 고마운 것은 계절마다 알맞은 햇빛과 바람과 습도를 조절해 안락함을 누리게 하는 것이니 그 혜택이야 이루 말할 수 없다. 두렵다는 것은 불가사의한 위력 때문일 것이다. 이는 인간적이지 못한 것에 대한 경외심 내지는 양심일 수도 있다.

과학은 날로 발전해서 편리함과 놀라움을 동시에 안겨주지만, 더 새로움을 찾아가는 그것은 자연의 질서마저도 서슴없이 파괴한다. 태초에 받은 삶의 터전인 지구를 황폐화시키다 못해 이제는 별들에게까지 눈을 돌린다. 그 별들을 과학의 잣대로 들이대며 또 다른 지구쯤으로 만들려고 한다.

자연의 섭리가 오묘하고 대단하지만, 또한 두렵기도 한 나는 섭리를 거스르는 행위에 경고쯤으로 생각되어 천둥번개도 무섭다. 폭설로 정복당한 세상은 교통지옥이다. 몇 시간 내린 눈으로 공포감마저 일어난다.

그러나 나는 이 순백의 향연이 좋다. 길은 자동차의 주인이 아니라는 것을 항변하는 듯하다. 지구의 주인은 인간이라고 하지만, 그것은 단지 인간의 생각일 뿐, 이 시간 인간은 얼마나 보잘것없고 무기력한 존재인가.

때로 단순해지고 싶다. 저 내려다보이는 눈 덮인 세상처럼. 마음을 차분히 가라앉히기도 하고 아련한 먼 곳으로 인도하기도 하는 눈은 신의 선물이다.

아녜스의 노래

차르르 바람에 밀려왔다가 다시 평정심을 찾아 고요히 흘러가는 강물. 지난밤 슬어 놓은 별 한 무리 내려와서일까, 물비늘이 반짝인다. 화면 가득한 강물을 따라 푸른 산봉우리들이 거꾸로 흐르고, 강을 가로지르는 다리를 세월이 건너가고 있다.

강 언저리 풀밭에 소년 셋이 놀이를 하고 있다. 바람에 쓸리는 풀잎 소리가 화면을 나와 극장 안을 돌아다닌다. 그 소리에 귀가 쏠릴 때쯤 세 소년 중 한 소년이 클로즈업된다. 그 소년의 시선을 따라 움직이던 관객들의 눈이 커진다. 갈래머리 소녀의 시체가 강물에 떠내려온다.

영화 '詩'는 그렇게 시작되었다. 주인공은 병원 앞에 세워진 앰뷸런스 문을 두드리며 '이렇게 떠나면 어떡하느냐'고 절규하는 여인을 무심히 바라본다. 그러고는 환자 대기실에 앉아 방금 전 목격한 장면이 텔레비전 뉴스로 나오는 것을 바라본다. 늘 보아오던 일이라는 듯 그의 표정은 무덤덤하다.

그는 의사 앞에 앉아 자신이 무슨 상담 때문에 왔는지 기억나지 않아 안타까워한다. 눈치 빠른 의사는 다른 과 전문의를 소개해 준다.

"언제부터 그러셨어요? 처음엔 명사가 떠오르지 않다가 다음엔 동사까지 생각나지 않으셨나요?"

의사의 질문에 그는 끄덕인다. 그는 알츠하이머 초기 증세였다. 병원을 나서며 그는 딸에게 전화를 건다.

"나 병원인데 아무렇지도 않대. 그래서 문화원에서 시 공부 좀 하려고 한다."

"엄마는 원래 시적 기질이 있는 분이셨어."

중학교 3학년짜리 아들을 그에게 맡긴 딸의 음성이 울려 퍼진다.

작은 도시, 중학생인 외손자와 낡은 시민아파트에 사는

주인공 미자는 간병인이다. 모습은 할머니지만, 소녀 같은 감성은 꽃 장식 모자며 화사한 옷차림을 좋아한다.

어느 날 미자는 문화원에서 시 수업을 듣게 되면서 남다른 시각을 가지려고 한다. 그의 시 선생인 시인은, 시란 아름다움을 찾는 것, 진정한 아름다움을 발견해서 날개를 달고 날아오를 수 있도록 하는 것이라고 말한다. 시인은 교탁에 놓인 사과를 집어들고 '샘에 물이 고이듯 이 사과에 스며 있는 햇볕도 생각하고, 스쳐 지나간 바람도 생각하고, 피었던 꽃도 생각해 보라' 고 한다.

시상을 떠올리기 위해 미자는 나무 그늘에 앉아 나뭇잎의 말을 듣고, 나무를 올려다보며 바람의 속삭임을 듣고, 강가 풀섶에 앉아 흘러가는 강물을 읽는다. 시를 건지는 일은 그의 숨죽어 있던 영혼을 깨우는 일이기도 했다. 매일 지나치던 집안의 잡다한 일들이 새롭게 보이기 시작한다. 부엌 겸 거실의 좁은 공간에 들어앉은 주방기구며 가구들이 그의 심중에 와 닿는 사물이 된다.

미자의 꿈은 시 한 편 쓰는 것, 그 꿈을 향해 조금씩 다가서려던 그에게 뜻하지 않은 사건이 벌어진다. 외손자와 그 또래늘이 같은 반 여학생을 집단 성폭행한 것이다.

그것은 미자의 꿈을 산산조각 내는 사건이었다. 그의 이상과 현실은 정반대의 길을 가게 되었다. 그가 생각하는 시는 고요하고, 아름답고, 멋진 것이었지만, 그녀의 삶은 비루하고 구겨진 것이었다.

그는 외손자의 합의금을 위해 돈이 필요했고, 기꺼이 간병해 주던 노인의 성욕을 해소시켜 주는 역할을 자처했다. 그 순간, 미자에게 시는 돈이었을까? 화면 가득 전해 오는 그의 비애가 가슴을 싸아, 아프게 저몄다. 오래된 서민아파트를 배경으로 미자와 외손자는 배드민턴을 친다.

그리고 어느 날 외손자는 형사에게 연행되고, 선생에게 미자는 한 묶음의 꽃과 시 한 편을 제출한다. 그리고 그녀는 수업에 나타나지 않는다. 그가 그토록 쓰고 싶었던 시, 결국 생의 끝자락에서 쓰인 〈아녜스의 노래〉는 영화의 엔딩 장면이 되어 배경 음악이 배제된 채 물소리, 바람 소리, 새소리가 울려 퍼진다.

그곳은 얼마나 적막할까요

저녁이면 여전히 노을이 지고 좋아하는 음악 들려올까요

숲으로 가는 새들의 노랫소리 들리고
차마 부치지 못한 편지 당신이 받아볼 수 있을까요
한 번도 하지 못한 고백 전할 수 있을까요
시간은 흐르고 장미는 시들까요

(중략)

여름 한낮의 그 오랜 기다림,
아버지의 얼굴 같은 오래된 골목
수줍어 돌아앉은 외로운 들국화까지도 얼마나 사랑했는지
당신의 작은 노랫소리에 얼마나 가슴 뛰었는지
나는 꿈꾸기 시작합니다
어느 햇빛 맑은 아침 다시 깨어나 부신 눈으로
머리맡에 선 당신을 만날 수 있기를.

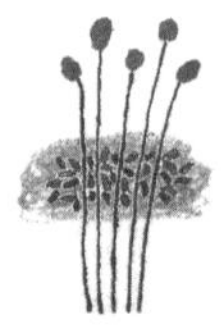

우연한 만남

파주 아트파크 성긴 살담 안에 국화가 그득히 피어 있다. 오늘 이 쾌청한 하늘과 산들바람이 나와 손자손녀를 반갑게 맞아 준다.

은행잎 노란빛이 흐드러진 공원, 냉랭한 데크에 비스듬히 앉아 있는 남자가 나를 사로잡는다. 구부린 한쪽 무릎을 양손으로 감싸쥐고 있다. 노란 국화와 하르르 무너지는 은행잎이 그 남자에게 가을 정취를 한껏 고조시켜 주고 있다. 남자는 나신이다.

화강석의 무뚝뚝한 조각상은 이목구비를 갖추지 못했으니 모든 여성의 눈길을 사로잡는 '다비드' 와는 비교가 되지 않고 느낌이 다르다. 그러나 그리스 전사의 빛나는 철갑 속에서 꿈틀거리던 근육질의 남성미가 연상된다. 나는 그에게 나만의 표정을 입히고, 사색을 덧입힌다. 남자의 심장이 뛴다. 그 속에서 살아 움직이는 조각가의 영혼을 들여다보며 카메라 셔터를 누른다.

순간이 포착되는 렌즈 속으로 꽃처럼 휘날리는 은행잎 천지가 펼쳐졌다. 찰칵, 셔터를 다시 누른다. 아들과 며느리를 불러 화면을 보여 주었다. 아들은 구도를 잘 잡았다느니 빛이 잘 들어갔다느니 칭찬을 해 주며 이제부터는 글 쓰지 말고 사진을 찍으라고 했다. 의미있는 아들의 충고였다.

오늘 같은 날 나만의 시간을 갖기 위해 손자손녀와 함께하지 않고 혼자 거닌다. 오롯이 나를 위해 존재하는 시간을 카메라에 담고, 그것들로 날아가지 않는 영감을 얻는 것이다. 얻어지는 영감이 하찮은 것일지라도 귀하게 건져올릴 것이다.

이곳에는 조각품들이 많다. 느린 걸음으로 감상하다 보면 '아트파크'라는 이름값을 톡톡히 하고 있음을 알겠다. 젊은 미술학도들의 수상작은 싱싱한 사유와 감동을 맛보게 해 준다는 점에서 특별했다. 작품들에서 몇 발짝 뒤로 물러선다. 겨울 숲 나무들 사이로 바람을 느껴 보고 고요를 만진다. 그리고 담이 필요 없는 예술 세계가 전달하는 여유를 환청인 듯 받아들인다.

뜰에 설치된 조각품 여러 점과 잘 어우러지는 조경도 감상에 한몫한다. 조경은 작품과 어우러져 배경으로서 중요한 역할을 톡톡히 해 주기 때문이다. 특히 실내 전시관 앞의 배롱나무는 내가 보아왔던 것과는 다르다. 배롱나무는 보통 한몸에서 가지가 뻗어 나가며 잔가지들이 얼기설기 얽혀 시루 본처럼 트레질을 하는데, 지금 이 나무는 아예 땅속에서 여러 개의 가지가 솟으면서 굵은 가지와 잔가지의 배열이 예술적인 조화를 이룬다. 발그레한 몸에서 살짝 들떠 있는 껍질은 은사시나무 빛깔과 같고, 반짝거리는 분가루를 발라 놓은 듯하다.

실내 전시관에는 도예가들이 고운 문양을 넣어 빚어 놓은 소품들이 전시되어 있다. 도예에 입문한 친구에게 보여 주기 위해 사진을 찍는다. 저만치서 손자손녀가 달려왔다.

"할머니, 멋있는 데 많이 보셨어요?"

수식어를 잘 사용하는 손자녀석이 물었다. 두어 시간만의 해후가 반가웠다. 그러나 나는 그들과 합류하지 않고 다시 홀로 걷는다.

미술관 뒤뜰로 나가는 통로에서 이따금씩 바람이 불어온다. 높은 회색 벽에 갇힌 광장, 바닥에 깔린 벽돌이 유난히 붉다. 그 광장 중앙에 조지 시걸의 설치미술인 '우연한 만남'이 있었다. 붉은 바닥과 회색 벽에서는 알 수 없는 공허가 출렁이는데, 저 작품이 전하고 싶은 이상향은 어디인가.

불현듯 안개 자욱한 독일 뮌헨의 림Rim공항에 막 발을 내려놓은 작가 전혜린을 떠올려 본다. 낯선 도시에서 서성거렸을 그와 작품이 관련이 있는 것처럼 느껴진다. 저 작품은 그가 말하던 슈바빙 가의 그들 보헤미안이던가? 화장기 없는 얼굴에 머리를 뒤로 올려 묶고 어깨에 트래블백을 걸친 여자. 두 남자는 허리벨트를 질끈 묶은 네이비 프렌치코트를 입고 있다. 저들은 한 접시의 스프와 한 잔의 맥주로 식사를 대신하며 따스한 난롯가에서 로맨스를 얘기하던 영원한 자유인이었을 것이다.

나는 그들에게 빙의되어 안개의 도시를 거닌다. 여자의 육감적인 입술에서 청춘이 발설되고, 따스한 입김 같은 그들의 온기가 내 등을 감싼다. 그들과 한패가 되어 유랑하는 나를 꿈꾸어 본다.

오랜만에 받아본 꽃바구니

해가 뉘엿뉘엿 넘어가고 있다. 건너편 마을 단독주택의 붉은 벽돌 굴뚝에서 연기가 피어오른다. 초연하게 품위를 지키고 있는 그 고택의 용마루에는 어느 날이나 물안개 같은 향수가 젖어 있는 것처럼 보인다. 아파트 숲이 우거진 이 시대에 고아한 정취로 오래도록 존재할 수 있을지.

우리 집 12층에서 유일하게 내다볼 수 있는 예스런 풍경이다. 곧 퇴근할 남편을 위해 쌀을 안친다. 남편이 좋아하는 생선조림과 나물무침과 된장찌개를 정성껏 준비한다. 저녁을 마치고 난 뒤 아늑한 휴식을 기다린다. 휴식이라야 남편과의 오붓자분한 대화를 기대하는 것은 아니고,

먼 길 마다않고 고생하며 무사히 귀가했다는 안도의 아늑함이다.

아내가 겪는 지병의 고통이 조금이라도 덜했으면 좋겠다는 기대를 걸고 서울에서 용인까지 이사를 온 것이다. 남편의 친구와 내 친구들이 분당, 용인에 살고 있었던 게 한몫했다. 서울까지 출퇴근하는 남편은 얼마나 고단할까만, 힘들다고 푸념 한번 없다. 나는 이곳으로 온 뒤 모임이 잦아졌다. 거의 매일 친구들과 만나 학창시절의 짓궂은 추억담을 풀어놓고, 낯모르는 사람과는 할 수 없는 농담도 격의 없이 나누며 웃음보가 터지도록 깔깔거린다.

이러한 일상이 행복하지만, 마음 한구석 남편에 대한 미안함이 있는 것도 사실이다. 현관문이 열리고 남편의 묵직한 발소리가 멈춘다. 무언가 탁자에 내려놓는 소리가 들린다. 부엌에서 나온 나와 남편의 눈이 마주친다. 계면쩍어하는 남편의 얼굴에 닿았던 내 시선이 다시 탁자로 향한다.

꽃바구니다. 분홍 장미와 백합이 바구니 속에서 흐드러지게 웃으며 내다본다. 집안 분위기가 환해졌다. 기쁨과 설렘이 교차하는 순간, 이상하게 가슴이 싸해진다. 그와 맺은 인연의 꽃술 속에서 나는 바동거리던 무당벌레였다. 때로는 절벽에 홀로 선 작은 소나무처럼 외롭기도 했다.

그러나 이 순간, 나는 그 시간들을 말끔히 씻어 낸 것이다. 선잠 깬 기억의 모퉁이로 감격이 밀물져 온다. 아내보다는 어머니와 형제들이 우선인 남편이었다. 그런 그가 결혼기념일을 챙긴 것이다. 그에게 씌웠던 수많은 죄목들이 눈 녹듯 사라진다. 아까의 건너 고택을 바라보며 느꼈던 적요감도 사라진다.

어머님은 탁자의 꽃바구니에 눈길도 보내지 않으신다. 보름 동안 물 스프레이를 해 주어 첫날과 다름없이 아름다운데도 한마디 말씀이 없으시다. 베란다에 핀 꽃들을 보며 이쁘다, 이쁘다 쓰다듬어 주는 분이신데.

어머님이 꽃바구니에 눈길을 보내지 않는다는 것을 이삼 일 지난 뒤에야 눈치를 챘다. 왜 그러실까? 이해가 되지 않는 또 며칠이 더 지난 어느 날 짐작이 되었다. 시어머니와 아들과 며느리는 삼각관계라고 하는 말을 들은 적이 있다. 그렇게 추측을 하고 나니 어머님이 생소했다.

내 추측대로라면 그분 내심에는 아들 내외 관계를 살피고 계셨던 게 아닌가. 하여튼 날마다 밥을 먹는 식탁 앞

탁자 위에서 보름 동안이나 싱싱한 향기를 뿜어내던 그 꽃바구니를 외면하느라 고생하셨겠다 싶다.

그러나 꽃향기에 취해 그 마음도 수그러든다. 말없이 탁자에 올려놓고 쑥스러워하던 남편의 눈빛이 보름 동안 시들지 않는 꽃처럼 내 마음속에 피어 있었기 때문이리라.

뒤태가 멋지다고?

언니에게서 전화가 왔다. 노령연금을 탔으니 한턱 쏘겠단다. 우리는 종로3가 전철역에서 만나기로 했다.

봄에게 자리를 내주기는 뭔가 아쉬운지 쌀쌀했지만, 전철역은 이미 겨울을 벗어던진 사람들로 북적였다. 형부와 언니는 내가 가까이 가도 모른 채 허리를 꺾어가며 웃고 있었다. 무엇이 그리 즐거우냐며 인사 겸 물었다.

"언니가 화장실에 간 사이 여자 두 명이 내 옆구리를 쿡 찌르지 않겠어?"

"그래서요?"

"대뜸 '오빠, 우리 놀러가요' 그러는 거야."

"형부는 뭐라고 했어요?"

" '집사람 화장실에 갔어요' 했지."

"그랬더니 그 여자들 그냥 갔어요?"

" '에이, 거짓말 말아요. 아까부터 지켜봤는데요' 하더라니까."

화장실을 다녀온 언니가 이상한 낌새에 "여보"라고 외쳤고, 그들은 향수 냄새를 풍기며 황급히 사라졌다고 한다.

형부와 언니의 말에 나도 목을 젖혀 웃었다. 형부는 올해 일흔셋. 백발이어도 허리 꼿꼿한 모습은 아직 한창때같이 보인다.

종로3가역 주변은 노인들 일색이다. 개중엔 몇 푼 용돈으로 하루를 견뎌야 하는 이도 있을 것이고, 그마저도 힘들어 무료급식을 먹기 위해 줄을 서는 이도 있을 것이다.

근래 노인들 차림이 깔끔해진 것은 형편이 나아졌음을 보여 준다. 그러나 노후가 보장되지 않은 장수가 마냥 바람직한 일이기만 할까. 그 나이로 진입하고 있기에 지나치는 노인들이 무심히 봐지지만은 않는다.

노년의 물결을 헤치고 도착한 음식점은 흘러간 유행가를 라이브로 연주해 주는 곳이었다. 이곳에 들르는 이들은 그래도 경제적인 걱정은 없어 보인다. 종업원들은 친절하고 식사를 마친 손님에게 원두커피를 일일이 따라 주었다.

다시 찻집으로 옮겼다. 옛날식 다방의 쿰쿰한 냄새는 정겨운 얘기에 아무런 방해가 되지 않았다. 그 옛날 우리 집 머슴이었던 김 서방의 로맨스까지 거슬러 오르고 자연스럽게 그의 삼베 잠방이로 이야기가 옮겨 갔다. 아슬아슬 속살이 비치던 그의 옷차림은 동네 여인들의 단골 수다거리였다. 우리는 웃음이 절정에 이르면서도 한편 그 시절이 마냥 그리워졌다.

몇 시간의 즐거운 만남을 끝내고 집으로 돌아가기 위해 전철 입구로 걸어갔다. 아까와는 달리 노인의 숫자가 줄었다. 언니와 나란히 서로 허리에 팔을 두르고 걷는데 누군가 우리 어깨를 툭, 치는 것이었다. 놀라 돌아보니 주름살 자글자글한 노신사가 웃고 있었다. 처음 보는 얼굴에 놀라 나는 몇 발짝 앞으로 뛰어갔다. 그러나 용감한 언니는 뒤를 돌아보며 물었다.

"왜 그러슈?"

"누님들 뒤태가 멋져서…."

생각지 않은 언니의 물음에 오히려 놀랐는지 그의 말끝이 흐려졌다. 계단을 다 내려간 뒤 슬쩍 뒤를 훔쳐보았다. 그는 아직도 우리를 바라보고 있었다. 나는 고개를 돌리며 내게 속삭였다.

'뒤태가 멋지다고? 참말일까?'

풀꽃 선물

정성들여 운동화를 빨았다. 하얗게 마른 운동화에 백묵을 덧발라 쨍쨍한 햇볕에 한 번 더 말려 마루 시렁에 얹어 놓았다. 그리고 흰 운동화와 잘 어울릴 만한 흰색 에이라인 스커트와 노란 셔츠도 준비해 두었다.

방학해서 집으로 내려온 날, 그 애에게 가겠노라고 편지를 띄웠다. 여고 1학년이었던 내게 그것은 아주 특별한 일이어서, 그날부터 일기 시작한 설렘의 파문은 좀처럼 가라앉지 않았다. 그러나 낮부터 안마당 고추밭에서 들려오는 청개구리 울음소리가 비를 예고하는 것만 같아 걱정이 되었다. 벼르고 벼르던 일이라 불안하기까지 했다.

다음 날 아침, 해든 영창 틈으로 생솔 냄새가 스며들어와 눈을 떴다. 그 냄새는 내가 좋아하는 청량한 향수였다. 예상했던 대로 비가 내리고 있었다. 비는 새벽부터 시작되었는지 추녀 끝 빗줄기가 끈이 되어 흘러내렸다. 마당에 떨어진 비가 흙과 범벅이 되어 토방까지 튀어올라 신발이 얼룩져 있었다.

며칠 들떠 있던 얼굴에 시름이 번졌다. 그 애를 만나면 동산에 앉아 고즈넉한 풍경을 바라보며 이런저런 얘기를 나누려고 했다. 그러나 비가 이 계획을 수정하게 만들었으니 안타까울 수밖에.

바깥마당 호두나무 밑 잿간에서 흘러나온 잿물이 운동화에 튈까 봐 조심해서 걸었다. 우산을 받쳐도 옷이 빗물에 젖을까 여간 성가시지 않았다. 조심스럽게 큰어머니댁 무성한 모시밭을 지날 때, 문득 선물을 준비해야겠다는 생각이 들었다. 찔레 덤불을 헤치고 꽃 몇 가지를 꺾었다.

그리고 붉은 황톳길을 걸어서 어린 시절 다래를 서리해 먹던 목화밭을 지나, 삐비꽃을 헤치고 녹색 물결 일렁이는 논두렁을 따라가다 풀꽃을 한 웅큼 더 꺾었다. 풀꽃 한 아름 안고 걸어가는 길. 비가 오번 어떠랴. 절로 콧노래가 나오고 걸음은 사뿐거리고 기쁨이 입가를 떠나지 않았다.

그 애 방문 앞에 서니 그제야 눈에 띈 흙범벅 운동화가 부끄러웠다. 그 애가 나를 어떻게 반겨 주었는지는 까맣게 잊어버렸다.

며칠 설레었던 것에 비하면 만남은 좀 싱거웠지만, 그 애를 만나러 가기까지 콩닥거리던 일은 지금도 아련한 추억이 되고, 한 편의 시가 되어 마음 한편에 남아 있다.

2.

어둠의 장막을 걷어내며

흑석동 산 1번지
시장통 사람들
그리움은 때로 병이 된다
어둠의 장막을 걷어내며
왜 이렇게 늙었어요
대기실 풍경
존재하고 있음이여
시간이라는 세월
수로도의 눈물
불안한 잠

흑석동 산 1번지

흑석동 산 1번지와 소통하는 길은 두 갈래였다. 하나는 포장되지 않은 가파른 언덕을 내려가면 바로 노량진 골목시장이 나오는 북쪽 길이고, 다른 하나는 완만하고 단정한 계단을 내려가면 양 옆으로 높은 담이 성벽처럼 느껴지는 호화 주택이 많은 동쪽 길이었다. 북쪽 길이 가난한 서민들이 사는 세계로 이어졌다면 동쪽 길은 대부분 상류층 사람들이 사는 세계로 이어져 있었다.

동쪽 길 그곳은 대학교수와 예술인들의 주거지였다고 기억된다. 주택 규모나 외관이 압도적이었기 때문에 내가 함부로 넘볼 수 없는 곳이었다. 언제든 굳게 닫혀 있는 대문 안에서는 인기척이 드물었지만 고단한 삶의 모습은 보이지 않았다. 언제나 볕이 환하고 도도한 기류가 감돌고 있었다.

전지가 잘 된 정원수와 여러 종류의 화초가 들여다보이는가 하면, 제집 앞을 지나간다는 이유만으로 컹컹대는 개소리는 공포감을 일으키기에 충분했다. 위협적이기까지 한 개소리가 질색이었지만 담장을 아름답게 장식한 덩굴장미가 내 마음을 사로잡았다. 그리고 어느 날인가 그런 집의 주인이 되고 싶다는 은밀한 꿈을 꾸기도 했다.

그 단정한 계단 길에서도 건너다보이는 비계 마을 산등성이에는 길조차 올바르지 않은 황토 흙바닥에 거적을 치고 사는 빈민촌이었다. 그렇게 부와 빈이 공존하는 산 1번지에서는 한강이 바싹 내려다보였고, 남산이 그리 멀지않게 건너다보였다.

해마다 여름만 되면 범람하는 한강의 물구경을 했다. 어떤 때는 붉은 황토 물갈기가 세상을 뒤엎어 놓을 것같이 야수처럼 울부짖으며 흘렀다. 초가집이며 외양간과 뿌리째 뽑인 나무들이 떠내려가는 것을 속절없이 구경할 수밖에 없었다.

그렇게 헐떡거리던 강물이 차츰 잦아들고 강폭은 다시 본래 모습으로 돌아가곤 했다. 위세 등등하던 강물이 사그라든 둔치에는 잡동사니와 부유물들이 쌓여 있었다. 그러면 잡동사니들 속에 혹 쓸모 있는 것이 있을까 주우려는 사람들이 모여들었다. 그때 그들이 무엇을 주워 갔는지는 모르지만 국민소득 100불에 불과했던 1960년대였으니 그건 부끄러운 일이 아니었다.

그때 나의 등하굣길은 골목시장으로 이어지는 포장도 되지 않은 지독하게 가파른 북쪽 길이었다. 삶의 아우성으로 왁자한 시장, 수많은 노점 상인들은 너나없이 서로 먼저 팔려는 욕심으로 "싸구려!" 떨이를 목이 쉬도록 외쳐댔다. 그리고 멱살을 잡고 다투는 것이 일상이기도 했다. 그곳은 그런 아우성으로 하루해가 뜨고 하루해가 저물어 갔다.

또 어떠했던가. 엄마의 등판에서는 잠든 아기 머리통이 대룽거렸다. 빤질한 구릿빛 얼굴, 그 여자 앞에는 사과 궤짝 위에 푸성귀 몇 단 얹혀 있는 것이 전부였다. 그리고 저고리 앞섶 밑으로 빼죽이 내민 거무티한 젖꼭지가 몸을 움직이는 대로 달싹달싹 내비쳤다. 그러나 생존경쟁의

바다에서 살아가야 하는 그녀에게는 부끄러움 같은 것은 감정의 사치였으리라. 그녀의 예민한 속살을 보고도 무감각했던 거기 상인들에게 관능이라는 감각이 가당키나 했던가.

썩는 냄새가 진동하는 어느 질척한 모퉁이에서 얼음과 자통에 기대어 낮잠을 자던 어린 소녀. 그 소녀의 모습은 강산이 여러 번 바뀐 지금도 잊혀지지 않는 애잔한 영상으로 남아 있다.

그러나 그곳은 지금 높고 낮은 아파트가 즐비하게 서 있다. 그리고 비만 내리면 속수무책으로 쓰레기가 난장질 치던 한강 둔치에는 계절에 맞는 꽃동산을 꾸며 놓았고 축구장, 농구장, 가족 캠핑까지 할 수 있는 시설물을 갖춰 놓은 휴식처가 되었다. 게다가 속살거리는 물결 위로 유람선이 오가니 상전벽해란 말이 어울릴 정도로 놀랍게 변화하였다.

지금은 내 기억 속 풍경으로만 남아 있는 '흑석동 산 1번지'. 감수성 많은 나의 사춘기는 그 가파른 비탈길을 오르내리며 시장통 사람들의 아다구니 소리와 그들의 남루한 삶에서 고단한 모습을 일찌감치 이해하고 터득했는지도 모른다. 그러면서도 동쪽 단정한 돌계단 내리막길을 따라 이어지던 부자 동네 안마당은, 그저 먼발치에서 바라볼 수밖에 없었던 내 사춘기 동경의 세계였다.

그 뒤 반세기가 넘는 세월이 흐르고 우리 삶의 질도 선진국 못지않게 향상되었다. 그러나 우리가 사는 세상은 아직도 흑석동 산 1번지를 벗어나지 못하고 있는 것 같다. 한쪽은 가난한 사람들의 삶이, 다른 한쪽은 가진 자의 삶으로 갈라져 있으니 말이다. 그러니 현재도 모순의 대치가 지속되고 있는 남북통일이 급한 것이 아니라 남남화합, 빈부 갈등의 해소가 아닐까 생각해 본다.

시장통 사람들

궤도를 좀처럼 벗어나지 않는 기차. 빠르게 변화하는 세상 물결을 따라 가난한 사람들의 꿈과 희망을 실어다 주고 실어다 놓았다. 사람들은 기관차 기적 소리만큼이나 열렬한 야망을 품고 도시로 치달았다. 나도 그런 사람들 중 하나로 열차에 몸을 실었다.

고향을 떠나와 살던 흑석동 산 1번지 집은 적산가옥이었다. 꽤 넓은 마당에서는 개 두 마리가 자유롭게 뛰어놀았다. 어린애가 있었던 것은 아니었는데 마당 한편에 나무 그네와 낡은 벤치가 담 가까이 놓여 있었다. 아마도 어린애가 없었던 오빠 부부의 여망이 남아 있는 소품이었는지도 모른다. 나는 종종 그 나무 그네와 벤치에 앉아 생각에 잠기곤 했다.

장래가 보장되어 있지 않은 나에게 그건 커다란 시름이었을 것이다. 친오빠도 아닌 사촌오빠가 후견인이 되어 준 것에 대한 죄송스러움이었는지도 모른다. 그리고 가족 곁을 떠난 외로움과 아득한 미래에 대한 불안이었을 것이다.

사촌오빠 집은 지대가 높아서 전망이 좋았다. 집 구조는 안방과 건넌방 사이에 좁은 쪽마루가 현관까지 길게 이어지고 현관 왼쪽으로 넓은 마루방 서재가 있었다. 서가에 어떤 책들이 있었는지는 기억에 없다. 드나드는 식구가 없어 조용한 가운데 공부할 수 있었다. 의식주와 학비까지 보장받으며 그 방에서 공부할 수 있었던 것은 경제적으로 성공한 사촌오빠의 배려 덕이었다.

그 오빠는 계속해서 학교에 다닐 수 있게 해 주는 것만으로도 고마운데, 밥을 먹을 때마다 늘 내 앞으로 맛있는 반찬을 밀어주며 많이 먹으라고 말씀하셨다. 지금 돌이켜보면 그 시기가 내 생의 한가운데였음을 부정할 수 없다. 분명 내 길고 긴 인생행로에서 그래도 가장 편안한 시절이었다.

그리고 기꺼이 사촌 시누이를 돌봐준 올케언니를 마음 깊이 존경했다. 그분의 후덕한 기품은 나에게 적잖은 영향을 주었다. 나에게 집안일을 시킬 법도 한데, 학교에서 돌아오면 오히려 가정부가 차려주는 밥상을 받도록 했다.

서재에서 조용히 공부하고 있으면 밤늦도록 골목길을 오가는 사람들의 발걸음 소리가 들려왔다. 그들은 모두 시장통에서 고단하게 살아가는 사람들이었다. 그 걸음 소리에는 뙤약볕에서 앉은걸음으로 온종일 김을 매는 어머니의 노고도 함께 섞여 있었다.

고단한 사람들이 밤늦도록 오가는 발걸음 소리를 들을 때마다 어린애처럼 징징거리고 싶을 만큼 어머니가 그리웠다. 시장통 사람들이나 우리 어머니의 고단함이나 어지간히도 가슴아린 것이었다. 그 서재는 어머니를 그리워할 수 있는 공간이었고, 시장통 사람들의 고달픔도 헤아려 볼 수 있었던 장소였다.

집에서 몇 걸음 언덕 위로 올라서면 한강이 내려다보이고, 그리 멀지 않게 남산 송수신탑이 건너다보였다. 그곳에서 가파른 언덕과 하나로 연결되는 노량진 골목시장이 내 등하굣길이었다.

질척거리는 시장 한모퉁이에 달팽이처럼 쪼그리고 누워 쪽잠을 자던 소년들. 그 모습은 잊을 수 없는 기억으로 남아 있다. 한때 내 삶이 정말 어려웠을 때, 지난날 그 어린 소년들의 힘든 삶을 떠올리며 위로를 받은 적이 있다.

그렇게 꿈과 희망을 안고 도시로 왔던 '나' 와 '너' 우리들, 이 기적 같은 풍요로운 세상에서 주인공이 된 지금. 첨단시설이 갖추어진 대형마트에 넘치고 넘치는 상품들을 보면 격세지감이 느껴진다.

그러나 지금 모든 사람이 다 안락하고 편안한 것은 아니다. 내가 살고 있는 고양시에서 가까운 모래내시장에 가 보면 그 옛날 노량진 시장통 사람들의 치열한 아우성이 아직도 현재진행형이다.

그리움은 때로 병이 된다

긴 장마 끝에 모처럼 맑은 하늘이 열렸다. 바람까지 살랑살랑 불어 창문을 활짝 열어젖혔다. 소금기가 느껴지던 끈적거림을 날려 버릴 수 있어서 몸도 마음도 가뿐했다. 도로를 달리는 자동차 경적음에서도 물기가 사라진 듯했다.

우리 집 북쪽은 개발제한구역이라 그 흔한 고층 아파트나 상가건물이 없어 한적한 시골 같다. 높고 낮은 산봉우리들이 겹겹이 포개져서 가까운 능선은 또렷하지만 먼 능선은 아스라이 신비롭게 보인다.

제일 가까이 있는 산 아래로 공동주택에 편입되지 않은

기와지붕이 고만고만하고, 색색의 지붕 위로 쏟아지는 햇살이 온화하다. 그 볕을 쬐고 있는 집에는 건강과 평안이 깃들어 있을 것이다. 날이면 날마다 연무에 휘감겼던 침엽수도 광합성이 왕성하게 이루어지고 있을 것 같다.

아파트 단지, 인공 숲에서도 비가 그친 것을 기뻐하듯 매미들의 맹렬한 노랫소리가 들리기 시작했다. 시골에서 듣던 매미 소리는 한 줄기 바람처럼 청량하고 부드러웠는데, 도시에서는 마치 소음처럼 톱질 소리가 난다. 7년을 땅속에서 견디다 세상에 나와 보름 동안 살다 가는 절규인 듯하다.

아파트 산책로에는 햇볕을 반기는 사람들이 팔을 휘저으며 오간다. 산책이나 여유보다는 운동이 목적인 듯한 사람들 속으로 자동차 행상의 확성기 소리가 섞인다. 저 소리는 언제 들어도 고달프다. 동정심이 일어난다. 사람 살아가는 무게가 눈물겨워진다. 오래전 거칠고 절박했던 시장통 사람들의 아귀다툼도 떠오른다.

아직도 버릴 수 없는 내 꿈은 이 아파트에서 건너다보이는 산 그림자만으로는 만족하지 못해 때때로 우울하다. 오늘같이 쾌청한 날, 물보라가 토방까지 드나드는 섬마을

초막에 앉아 드넓은 바다를 내다본다면 얼마나 좋을까. 상상만으로도 행복해진다.

몇 시간째 응시하고 있던 풍경 속에서 불현듯 내 그림자가 겹쳐진다. 활짝 개어 파란 하늘 가운데로 촉수가 수 없이 번지고 있다. 인생길 이쯤에 이른 지금, 후회 없는 삶이 어디 있으랴. 완전한 만족이 이 세상 어디에 있겠는가. 아직도 내 마음에 드리워진 그림자는 이런 날 슬그머니 키를 세우는지 모르겠다.

잘했든 못했든 인생은 어차피 후회하는 것이라고 했다. 우리 가족 모두 한 집에서 살지 못한대서 불행하다는 것은 아니지만 때때로 파고드는 허허로움은 어쩌지 못하겠다. 그래서 나는 햇빛이 유난히 맑은 오늘 같은 날, 저 풍경 너머에 계신 시어머니를 그리워한다. 미운 정 고운 정으로 뒤섞인 우리 고부 관계. 병환이어도 우리 집 어느 방에 누워 계셨으면 얼마나 든든할까. 외로움이란 때로 미움보다 더 견디기 힘든 것. 그리움은 때로 내게 병이 된다.

어둠의 장막을 걷어내며

그날도 여느 때처럼 식탁에 둘러앉아 저녁을 먹었다. 그날따라 어머니는 뭔가 못마땅한 표정이시더니 일찌감치 수저를 내려놓았다. 나는 어머니의 눈치를 살피고, 남편은 묵묵히 식사를 계속했다.

그때였다. 남편 앞으로 느닷없이 수저가 날아왔다. 순간 남편의 얼굴이 일그러지면서 눈이 휘둥그레졌다. 순식간에 벌어진 일에 내가 할 수 있는 건 "헉" 하고 소리낼 뿐이었다. 아들 면전에 수저를 던진 이는 바로 어머니였다.

남편은 아무 말도 하지 못했다. 평소에도 불평 한마디 못하는 남편이어서 나는 감히 숨소리조차 크게 낼 수 없었다. 아직 분이 삭지 않은 듯 어머니는 식탁을 탕탕 쳤다.

"삼복염천에 집을 얻어내라니, 속 썩어서 못살겠다."

종로에서 빰 맞고 노량진에서 화풀이하는 격이었다. 아직 이렇다 할 직장도 찾지 못하고 혼기까지 꽉 찬 시누이가 독립할 테니 집을 얻어 달라고 한 모양이었다.

화가 풀리지 않았는지 어머니는 벌떡 일어나 개숫물에 손을 넣고 휘저었다. 그릇 부딪치는 소리가 요란했다. 설거지라기보다는 '내가 이만큼 화가 났다' 는 시위였다.

나는 불안한 마음을 누르고 다가가 어머니 어깨에 양손을 얹으며 진정시켰다.

"어머님, 피곤하신데 쉬세요."

어머니 음성에선 쇳소리가 났다.

"비켜라!"

그리곤 뭐라 할 새도 없이 돌아서서 나를 힘껏 밀었다. 나는 베란다 쪽 장식장 틈에 처박혔다. 순간 가슴에서 뭉치 하나가 올라왔다. 이성은 실종되었고 뭔가 일을 저지를 것만 같았다. 심호흡을 하며 정신을 차렸다. 머리를 흔들었다. 나는 겨우 일어나서 다시 다가갔다.

"어머니, 제가 설거지할 테니 들어가세요."

그런데 이번에도 손쓸 겨를도 없이 나는 장식장 앞으로 고꾸라졌다. 순간 무엇인가 목구멍을 타고 쑤욱 올라오는 것을 느꼈다. 불을 삼키는 것처럼 뜨거웠다.

이상 증세는 다음 날 아침 찾아들었다. 아침 준비를 하려는데 시야가 흐릿했다. 머리를 이쪽저쪽 흔들어야 간신히 물체의 초점이 잡혔다. 일시적인 현상이려니 생각하면서 아침 식사를 마치고 가까운 안과에 갔다.

언제부터 그랬는지, 왜 그랬는지 자세히 물어본 의사가 손전등을 비춰 내 눈을 관찰했다. 그것도 안 되겠는지 안과기구를 사용해 현미경을 대듯이 눈을 살폈다.

"신경을 많이 쓰셨나 봐요."

"살면서 신경 쓸 일이 어디 한두 가진가요."

나는 애써 담담한 표정을 지으며 말했다. 의사는 다른 의사들을 불러 내 눈을 다시 살펴볼 것을 지시했다. 그들의 전문용어를 알아들을 수는 없었으나 상태가 심각함은 짐작할 수 있었다.

"아주머니, 빨리 큰 병원으로 가세요. 한시가 급해요."

그들의 다급한 목소리에 온몸의 힘이 쭉 빠졌다. 가슴에 손을 얹자 심장 박동 소리가 기차가 출발할 때처럼 점점 급해졌다. 주르륵 눈물이 흘렀다.

급히 대학병원으로 갔다. 안과 전문의는 최선을 다해 보겠다면서 병명을 '급성망막괴사증' 이라고 했다. 집으로 돌아오는 길, 운전대를 잡은 손이 덜덜 떨렸다. 시야도 확실히 좁아지고 흐려졌다. 이제 운전은 내게서 멀어지는 듯했다.

약을 복용하는 동안 내 외모는 점점 변해 갔다. 몸은 풍선인형처럼 붓고 얼굴은 금방 쪄낸 찐빵처럼 부풀어 올랐다. 호흡도 가빠서 밖에 나갈 수가 없었다. 남편이 찬거리를 사다 날랐다. 나날이 증상이 악화되어 마음의 갈피를 잡을 수가 없었다. 잡히기만 한다면 실낱같은 끈이라도 잡고 매달려야만 했다. 힘든 몸을 이끌고 관악산 연주대로 향했다. 평소 오십 분이면 닿을 수 있는 곳을 세 시간 만에 도착했다.

비좁은 법당에 엎드렸다. 살려 달라고, 실명된 채 살 수는 없다고, 남편과 아이들을 살펴야 한다고 빌고 또 빌었다. 기도에 대한 답인지 '걱정 말라' 는 말씀이 들리는 것만 같았다. 기도를 끝내고 약사여래불을 감싸고 있는 바위에 동전을 붙여 보았다. 놀랍게도 자석처럼 찰싹 붙은 동전은 꿈쩍도 하지 않았다. 가피력을 얻을 수 있다는 한 줌 희망을 안고 돌아설 수 있었다.

어머니는 며느리의 늦은 귀가가 못마땅한 눈치였으나 나는 함구했다. 굳이 변명같이 늘어놓고 싶지 않았다. 남편은 어머니와 내게 아무 말도 하지 않고 눈치만 보고 있었다.

증세가 호전되기는커녕 미간으로 시야가 쏠리더니 아예 사물이 출렁거리기까지 했다. 마침 의사인 고종조카에게서 연락이 왔다.

"빨리 입원하세요. 순식간에 실명합니다."

허겁지겁 다른 대학병원에 입원을 했다. 의사는 나의 또 다른 신神이었다. 의지할 곳은 그 신밖에 없기에 하라는 대로 따랐다. 누우라면 눕고, 눈에 기구를 넣어야 한다면 무조건 내밀었다. 그러나 여러 명의 의사가 다녀가고, 그때마다 그들은 마치 실험대상이라도 만난 듯 내 눈을 후벼댔다. 검사를 마칠 때마다 눈은 더욱 나빠져 있었고 고통도 이루 말할 수 없었다.

"제 망막이 다 손상된 것 같아요. 아파서 도저히 참을 수가 없어요."

울면서 항변했지만, 의사는 오히려 검사를 하지 말라는 거냐며 으름장 반, 면박 반을 놓으며 나무랐다. 검사실 바닥에 누워 내 눈을 원래대로 돌려놓으라고 소리치고 싶었으나 마음뿐, 내 눈은 블랙홀 깊숙이 빨려 들어가고 있었다.

같은 병실 환자가 궁금해했지만 설명해 줄 기력조차 없었다. 나는 병실 창가로 겨우 다가가 밖을 내려다보았다. 청춘의 물결이 휩쓸려 갔다가 다시 밀물져 오는 거리, 저곳에 딸의 공연을 보러 갔던 곳이 있겠지. 그 비슷한 건물 입구를 망연히 바라보고 있자니 시야가 차츰 불그스름해지더니 점점 어두워지기 시작했다.

궁하면 별의별 처방을 다 써본다더니, 병원에 오던 날 택시기사가 일러준 한의원이 떠올랐다. 기사 말에 따르면 역대 대통령들의 주치의였던 의사가 근무하는 곳이며 용하다고 했다.

남편은 기사가 말한 한의원을 찾아갔고, 그곳에서 처방해 준 한약을 집에서 직접 달여 병원으로 가져왔다. 의사 몰래 한약을 먹었다. 한의사는 눈에 칼을 대지 말라고 했지만, 어떤 끄나풀이라도 잡아야 하는 나는 대학병원

의사가 권하는 대로 수술을 받기로 했다.

"이제 잘 보이시죠?"

갖가지 검사로 나를 괴롭힌 의사가 생색내듯 말했다.

"그만 합니데이. 별일은 없지 싶습니다. 걱정하지 마이소."

수술을 집도한 담당교수의 말은 믿음을 주었고, 내게 천군만마를 얻은 듯한 희망을 심어 주었다.

'입원실 병동 건너편 고궁의 아름드리 푸른 나무들은 언제쯤 보게 될까.'

기대감이 부풀고 있었다.

왜 이렇게 늙었어요

안과 병동 입원실은 암실 같다. 어쩌다 한 줄 빛이라도 들면 재빨리 양쪽 검정 커튼을 겹쳐 빛을 차단했다. 웃음소리도 없고 불안한 숨소리만 가득한 곳에서 환자들은 대부분 엎드려 있거나 바로 누워 천장만 올려다보고 있었다. 제법 큰 소리가 새어 나올 때는 백내장 환자가 입원했을 때뿐이었다.

나는 병원 침대에 엎드려 3주간을 보내야 했다. 라디오가 유일한 벗이었다. 귀는 멀쩡해서 유행가로 하루가 시작되고 하루가 끝났다. 나는 틈틈이 기도를 했다. 기도 내용은 '누구도 원망하며 살지 않게 해 달라'는 것이었다.

이대로 영영 앞을 보지 못한다면 그 원망이 가족에게로 향하고, 의사에게로 향하고, 다른 누군가에로 향할까 봐 몹시 두려웠다. 그래서 나를 다 비워 내 빈껍데기가 되고자 했다. 그래야만 내 원망이 바닥을 드러내기 때문이었다. 원망이 용서로 바뀌어야만 가능한 것이자 내가 나를 다스리는 것이어서 결코 쉽지 않은 일이었다.

망막을 붙게 하는 실리콘 벨트를 아직 풀지 않은 상태여서 눈 아래쪽 실낱처럼 가는 빛만 볼 수 있었다. 어머니는 이미 막내 시누이에게로 가고, 집안일은 아예 꿈도 꾸지 못할 처지여서 남편이 살림을 도맡아 했다.

남편은 지어 온 한약을 손수 달이고, 반찬은 사다 먹었지만 국은 직접 끓였다. 그중 미역국은 일품이었다. 고기를 넣고 끓여도 맛있고 조갯살을 넣고 끓여도 맛있었다. 무를 납작납작 썰어 밑에 깔고 조린 고등어자반도 일품이었다.

"한약 달이는 거 절대 신경 쓰지 마. 아무 걱정 말고 먹기만 해."

남편은 출근에 앞서 하루치 한약을 냉장고에 넣으며 당부를 했다.

일주일에 한 번 정기검진을 받아러 갔다. 남편은 내 손을 잡고 앞서 걸었다. 남편의 발뒤꿈치를 내려다보며 새어 나오는 한숨을 꾹꾹 눌러 담았다. 가슴에선 뜨거운 것이 북받쳐 올랐다. "걱정 마, 내가 있잖아" 하고 말해 주던 남편. 그는 나의 든든한 바람막이였다.

외래 진료실 앞에 대기하면서 남편을 곁에 앉히지 않았다. 혹여 남편이 창피해하거나 불편해할까 신경이 쓰였다. 내가 느끼는 것의 일부라도 남편에게 넘겨주고 싶지 않았다. 9개월이 지나자 세월이 약인지 고통도 차츰 물살처럼 흘러가고 나는 재수술을 받았다.

"제가 잘 보이세요?"

의사가 물었다.

"네, 그런데 왜 이렇게밖에 안 보이나요?"

흰 가운은 보이는데 의사의 얼굴은 희미했다.

"차츰 좋아질 테니 걱정 놓으세요."

의사의 말에 고개를 끄덕이며 돌아봤다. 그제야 옆에서 있는 남편이 흐릿한 시야 속으로 들어왔다.

"여보, 당신 왜 이렇게 늙었어요?"

또렷하지 않았지만 아홉 달 반에 본 남편의 얼굴은

이전과 사뭇 달라져 있었다. 남편은 아무 말 없이 고개를 돌렸다. 눈물을 감추는 게 분명했다.

내가 실명을 면한 건 남편의 지극정성 덕분이다. 한약 수백 첩을 달이면서 한 첩도 태운 적이 없다. 머리카락을 잘라 짚신을 삼아 준다던 얘기가 떠올랐다. 현재의 삶이 감사할 따름, 얼음이 녹듯 지난 일은 다 녹아 버렸다. 원망할 일이 눈곱만큼도 없다.

대기실 풍경

병원에 가는 길이었다. 차창 밖 정취가 어느 때보다도 다르게 느껴진다. 철로변 빈 나뭇가지에 다닥다닥 도드라지게 매달린 빙화. 그 유리구슬 같은 얼음 정물에서 반사되는 가시광선 빛살들이 세상에 조금 더 머물러 숨쉬고 싶은 욕망을 불러일으키게 했다. 그리고 내 생애의 막이 내리고 피의 본류로 돌아가게 될지도 모른다는 노곤한 무기력이 짓눌렀다.

병원 안은 어느 날이나 우왕좌왕 번다하다. 생존을 열망하는 화급한 사람이나 그렇지 않은 사람이나 몇 방울의 피에서 병증을 판별하기 위해 질서정연하게 팔뚝을 내어 준다. 채혈사가 뽑아내는 피의 양이 얼마가 되든 아깝다고 항의하는 사람 없이 기도하듯 조용히 순종한다.

채혈이 끝나면 생존을 맡긴 의사의 진료실 앞 복도에서 기다린다. 거기서 환자들은 담당의사로부터 호전의 징후가 보이니 걱정하지 않아도 될 것 같다는 위로를 받고자 한다. 그 후줄근한 시간, 육체가 주체스러워진다.

거기는 촌각을 다투는 응급실보다야 훨씬 여유로운 듯하나, 어딘지 모르게 불안한 사람들 풍경이 가득히 흐르고 있다. 그리고 지친 에너지가 뒤섞여서 근심어린 얼굴 표정이 역력히 드러난다.

생기 없는 시선이 땅에 떨어지고 어쩌다 마주치는 눈동자마다 길 잃은 짐승마냥 수심에 차 있다. 패잔병이듯 누추하며 매무새를 고쳐 여밀 뿐 대화 소리는 들리지 않는다. 읍소하듯 웅크리고 앉아 숨소리조차도 조심하며 고개를 숙이고 있다. 그 무리 중의 나도 넉넉지 않은 어느 모서리에 쭈그리고 앉아 있는 풍경의 재료가 된다.

자진모리로 치받힌 풍랑에 닻이 없어 슬피 떠돌던 영혼이었다. 좋고 싫다는 말의 극명 때문에 무수히 찢기고 수많이 점철되었던 상처들. 이 서러운 부침의 기억들이 가뭇

없이 소멸되는 곳에 도달하기를 간절히 빌며, 마음 편히 떠날 채비를 갖춘다. 이렇듯 긴장감이 팽팽한 시간, 들쑥날쑥한 사념의 고리들이 헤집어져서 가지각색 깃발처럼 흔들렸다.

진료실 전광판에 내 대기번호와 이름이 떠올랐다. 의사 앞으로 대여섯 걸음만 가면 되는데 그 길이 왜 이리 아득하게 느껴질까. 만감이 교차하는 찰나, 청진기를 걸고 있는 온화하면서도 냉철하게 생긴 담당의사가 부드러운 음성으로 말했다.

"괜찮으시죠? 간에도 돌이 없고 췌장도 문제가 없는 것 같습니다. 일 년 후에 뵙죠."

이 명료한 몇 마디의 대답을 들으려고 서너 시간을 웅크리고 앉아 있었다. 그리고 살아야 한다는 욕망과 죽음을 받아들이는 비움의 길을 혹독하게 더듬었다. 그렇다면 진작부터 내 뱃속에 박혀 있던 사리 때문에 생사를 넘나들었으니 나는 이미 생불이 아니던가.

이제 나는 얼마나 될지는 모르는 일이나 손자손녀의 재롱과 성장 과정을 조력자가 되어 지켜볼 수 있게 되어 앞날의 꿈을 그럴듯하게 그려볼 수 있게 되었다. 이 꿈은 내 생애의 연장선상에 그려지는 천연색 희열이 되리라.

진료실 문을 열고 나와 초조하게 대기하던 자리를 잠시 응시했다. 방금 전까지 내가 지니고 있던 무게 추는 툭 털어 버렸는데, 아직도 의사와 면담을 기다리는 사람들의 심중을 어떻게 위로해야 할까? '힘내세요' 라는 말 한마디 건네지 못하고 그냥 힐끗 지나쳤을 뿐이다.

쭈그리고 앉았던 소화기내과에서 안과 진료실 복도를 지나면 암병동 4층에 이른다. 그곳엔 입원복을 입고 알머리를 보이지 않으려 모자를 쓴 환자들이 넓은 창가에 앉아 창경궁을 내려다보며 친지와 담소하는 풍경이 있다. 내가 본 그녀들의 눈 속에는 안절부절못하거나 절망하는 모습은 보이지 않았다. 슬픔이 너무 깊어 눈물이 보이지 않는 까닭인지 해맑아 보였다.

우리 존재가 유한하다는 것과 그리고 시간을 붙잡을 수 없다는 사실은 누구나에게 더없이 큰 아쉬움이며 두려움일 것이다.

그러니 현실적 궁핍으로부터, 소유의 비좁은 감옥으로부터 해탈하는 충만함에 휩싸여 있는 듯 보이는 그 사람들에게서 진정한 인간적 너그러움을 읽을 수 있었다. 그래서 유한을 이치로 삼는 생명이 아름다운 것이 아닌가 생각되었다.

오늘, 내과에서 안병동에서 오고가던 동병상련의 내심, 그 복받치는 극복의 초월을 짐작해 본다.

존재하고 있음이여

보름에 한 번씩이던 검진일이 3개월이 되고 다시 6개월이 되었다.

"이제는 너무 걱정하지 않으셔도 될 것 같습니다. 그러니 일 년 후에나 뵙죠."

기뻤다. 병원에서 약국까지 가는 걸음이 사뿐거렸다. 날아갈 듯한 가벼움. 미래가 불확실한 신병 때문에 우울한 나날을 보냈는데 이제 거기서 해방된 것 같았다.

약을 받아들고 내친김에 길 건너 창경궁에 들러보리라 마음먹었다. 진료를 받으러 오는 날이면 유리창 너머로 바라만 보던 창경궁을 오늘은 꼭 들러보고 싶었다.

"얼마예요?"

매표소 앞에서 입장권 가격을 묻는 내 음성이 낭랑하게 느껴졌다.

"천 원요."

매표소 직원의 음성 또한 싱그러웠다. 나는 한층 기분이 좋아져서 "고맙습니다" 하고 인사를 건넸다. 보이지는 않았지만 그 직원도 고개를 끄덕였을지도 모르겠다.

홍화문弘化門을 지나 오른쪽으로 걸음을 옮겨 가니 나무들이 울창한 궁 안은 단풍꽃으로 환했다. 이름 모를 새들의 노랫소리가 하모니를 이루었다. 마치 수백 년 전 이곳에 살아본 듯 세월을 거슬러 올라갔다.

명정전明政殿 마당 품계석 앞에 섰다. 아녀자이니 수라간 나인쯤이 어울릴까. 아련한 마음으로 하늘을 올려다보니 스쳐가는 용포자락이듯 붉은 노을빛 구름이 흘러간다. 금빛 은행나무 아래 벤치에 앉아 있는 노부부의 모습이 어쩌면 그렇게 아름다워 보일까. 그들은 춘당지春塘池에서 한가로이 노니는 원앙들을 바라보고 있었다. 내 노후의 삶도 그들과 같기를 바라며 인적이 드문 오솔길로 접어들었다.

세월의 더께가 묻은 어두운 석조물이 반색을 했다. 그냥 지나칠 수 없어 안내판을 읽어 보니 성종의 태실이란다. 몇 걸음 더 걸어 오르니 궁 서쪽 끝자락, 양화당養和堂 기와지붕에 걸린 노을빛 한줌이 눈부시다. 깃에 드는 새들이 요란하게 지저귀고 당단풍나무에도 노을이 내려앉아 붉게 물들고 있었다.

통명전通明殿 현판 아래 삼층 기단의 댓돌엔 적요한 그림자가 놓여 있었다. 오래전 출타해 아직 돌아오지 않는 저 주인은 누구인가. 경춘전도 양화당도 통명전도 군불 지핀 흔적이 없고 굴뚝은 한 번도 연기를 뿜어 본 적이 없는 듯 하늘만 응시하고 있다.

두레박을 내린 지 얼마나 되었을까. 좀처럼 열려 본 적 없을 것 같은 양화당 우물. 우물은 역사의 두께만큼 둔중한 뚜껑이 얹혀 있다. 그러나 현판의 '養和堂' 이라는 순조의 어필은 또렷하다. 추녀 끝으로 눈물이듯 노을이 주르륵 흘러내릴 것만 같다.

옛것과 내가 만나 두런두런 깊은 속내를 주고받는 사이로 한걸음 한걸음 몹시 힘겨워 보이는 노인이 끼어들었다. 허리가 직각으로 굽어 땅바닥과 얼굴이 맞닿을 것같이 위태로워 보이는 노인. 조금 전 춘당지에서 본 노부부와는 달리 무척 고달파 보였다. 천차만별인 사람들의 생애와 언제 나을지 모르는 내 병고가 가련하지 않은가.

몇 시간 전 나는 담당의사로부터 질병의 고통에서 조금 해방된 것 같은 선고를 받고 고궁을 거닐고 있는데, 노인은 육신이 부자유한데도 아랑곳하지 않고 걷고 있다는 것이 존경스러워 잠시 걸음을 멈추었다. 그리고 산다는 의미를 경건하게 받아들였다.

노인의 어깨에 걸린 작은 가방이 걸음을 뗄 때마다 무릎을 때렸다. 그래도 아무렇지 않다는 듯 지팡이를 내꽂는 그를 보며 이만큼이나마 나의 건재함에 감사했다. 그리고 노인이 안 보일 때까지 오래도록 서 있었다. 역사는 무구하되 호시절은 꽃처럼 왔다 가는 것일까. 바람의 치맛자락이 바닥에 뒹구는 내 상념을 쓸고 갔다.

시간이라는 세월

평안하고 아늑한 이 안식처. 누구의 간섭도 없는 자유스러운 공간인데도 가끔 감정이 복받쳐 힘이 들 때가 있다. 그러면 나는 지난날 상처로 얼룩진 마음을 어루만지는 방법을 찾는다. 이를테면, 취향대로 놓아 둔 세간마다 생명의 의미를 입혀 그것들에게서 향기를 느끼고 바람 소리와 물소리 같은 자연을 느낀다.

주방 싱크대 창 앞에 장식해 놓은 도자기 꽃바구니와 꽃무늬 잔받침, 꽃바구니 포크꽂이, 친구가 선물해 준 네잎클로버가 그려진 머그잔과 양귀비꽃이 활짝 핀 숟가락통 등 가지런히 놓여 있는 그것들이 마음을 가라앉히라고 격려해 주는 듯해 바라보곤 한다. 어느 미술관에서 얻는 잔잔한 감동과 같이 느껴져 한참 바라보노라면 부드러운 '나'로 돌아오곤 한다.

그날 아침에도 마음의 안정을 잃고 힘들어하는 때, 그것들이 오늘은 밖으로 나가보라고 부추겼다. 절제의 경계에 갇혀 사육되는 시간 속에서 벗어나 보라고 내 등을 떠밀었다. 그리고 허용되지 않는 것에 대한 거추장스런 양심의 벽을 뚫어보라고 종용했다.

가족으로부터 비인간적인 모멸감을 강렬하게 느낄 때 일탈을 하고 싶은 충동이 일곤 했다. 그럼에도 넘을 수 없는 벽이 있었다. 그 성과 같은 벽을 무너뜨릴 수 없었던 이유는, 포기하면 안 되는 엄중하고도 처연하기까지 한 모성 때문이었으리라. 어떤 문자로도 다 말할 수 없는 아픔이 나 하나뿐이겠는가.

삶의 고통을 대부분 숙명이려니 하고 받아들인다. 하지만 그 인내의 벽이 켜켜이 쌓여 시간이 흐르는 동안 조용히 무너져 내리기도 하고 어느 때는 잔재의 그림자로 불쑥 일어서기도 한다.

그날 나는 마음에 두었던 곳으로 부리나케 향했다. 그 여름

숲속 오솔길엔 소나무와 상수리나무 숲 사이로 노란 햇빛이 금사처럼 쏟아져 내렸다. 그늘진 숲 어디선가에서 푸른 물빛 같은 선율이 흘렀다. 온갖 새들의 노랫소리가 모세혈관 속까지 스며들었다.

숲과 오솔길과 바람의 하모니에 숨죽이고 있던 감성이 깨어나며 온전히 자유롭고 독립적인 '내'가 되었다. 자연의 순정에 감전된 듯 가슴이 뛴다는 사실이 기뻤다.

텅 빈 원탁이 눈에 띄었으나 그곳을 지나쳐 걸음을 옮겼다. 반 마장쯤 더 가니 살림집 같은 카페가 있었다. 귀향한 늙은 시인의 안식처인 듯 소박했다.

탁자 여남은 개가 가지런히 놓이고 작은 액자가 몇 점 단출하게 걸려 있었다. 그리고 성능 좋은 스피커 두 개와 실내 중앙에 거치대를 마련해 책이 놓여 있을 뿐 눈에 띄는 장식은 없었다.

행주산성에 꼭꼭 숨어 있는, 바람에 흔들리며 수런거리는 나뭇잎 소리와 새소리가 청아하게 들리는 고요한 곳, 커피 한 잔 값만 지불하면 부담 없이 여유롭게 쉴 수 있는 집이다. 케이크 한 조각만 더 주문하면 시장기도 때울 수 있어 여유를 만끽할 수도 있다.

스피커에서는 감미로운 음악이 흐르고, 통유리창 너머 하늘이 넓게 펼쳐져 있다. 창 가까이 우거진 다박솔엔 섬세하게 직조된 거미줄 그물망이 출렁거렸다. 언제인가 거미의 밥이 될 수밖에 없는 가여운 날벌레들의 냉엄한 생존의 현실도 보인다. 우리 삶의 현장과 다름이 없지 않은가.

카페에서 몇 계단 내려가면 작은 텃밭이 있다. 농약을 뿌리지 않아서인지 벌레 먹은 자국투성이다. 누런 넝쿨과 한무리진 호박꽃에서 시선이 돌아서지 않았다. 오래전 고향집 밭두렁 호박 넝쿨이 생각나서였다. 까슬한 털로 무장한 호박잎. 우눈하게 생긴 순박미가 오히려 아름다운 호박꽃. 농부의 신실한 돌봄 없이 아무렇게나 살아가는 호박 넝쿨의 일생에 내 인생을 비유하는 것은 지나친 비하이긴 하지만, 왠지 그날 까칠하고 윤기 없는 호박 넝쿨에서 내 지나간 삶이 반추되기도 했다.

진부하게 꾸역꾸역 이어지는 이 삶의 일상성이 얼마나 경건한 것인가. 그 진부한 일상성 속에 자지러지는 행복이나 기쁨이 없다 하더라도 이 거듭되는 순환율이 얼마나 진지한 것인가. 이 무사한 하루하루의 순환이 죽는 날까지 계속되기를, 그것을 내 모든 행복으로 삼기로 할 것이다.

이로써 극복하기 어려웠던 '불합리' 한 상처의 벽을 들여다보았다. 그런데 치명적 상처의 벽은 결국 무너지고 없었다. 시간이라는 세월이 치유시킨 것이다. 이제 오직 별처럼 떠받들고 살던 평생의 꿈, 그것을 가꾸기 위해 건강하고 소박한 순수를 유지하는 일만 남았다.

소록도의 눈물

녹동항의 새벽이 눅눅하다. 어슴푸레한 포구 방파제에 매어 둔 어선들이 출렁대며 부딪는 소리가 비바람에 섞이고, 빗소리가 들뜬 여행객의 기분을 가라앉힌다. 이 시간 이후 줄곧 젖어 있을 마음을 예견이라도 하듯 날씨가 궂다. 결코 들뜬 기분으로 맞을 땅이 아니기 때문인 듯하다.

추적거리는 빗속에 녹동항에서 소록도로 가는 배에 올랐다. 이층 선실에 서서 건너다보는 산은 안개가 온통 허리를 휘감아 실루엣만 느껴지는 한 폭의 동양화 같다. 잠시 후면 내릴 소록도의 전경을 눈에 가득 담아 두기로 한다.

맨 먼저 빨간 벽돌집이 반긴다. 저 예쁜 집이 한센인들을 수용했던 곳이라고 한다. 애달픈 사연과는 대조적으로 섬은 쾌적하고 초록은 유난히 윤기가 흐른다. 섬을 에워싼 잉크빛 물결이 교향악을 연주한다. 저 물을 건너 그들은 얼마나 뭍에 닿고 싶었을까.

'수탄장' 이라는 팻말 앞에 질서 있게 늘어선 소나무 터널 몇 발짝 아래서 바닷바람이 불어온다. 이 길에서 나환자 부모와 떨어져 살던 미감아 자녀들과 만나곤 했다고 한다. 혹여 아이들에게 옮길까 살을 맞대고 부빌 엄두도 내지 못한 채 눈물만 흘리던 길이라니, 그때의 눈물을 기억하듯 소나무는 묵묵히 머리를 끄덕인다. 하물며 짐승도 제 새끼를 낳으면 핥아 주고 품어 주는데, 생이별에 그들의 가슴은 얼마나 찢어졌을까.

어느 한센인의 인도를 받으며 이곳저곳을 둘러보았다. 인권유린을 견디다 못해 탈주하다 잡혀 수용되었던 감금실. 탈주자를 아사시키거나 동사시켰다는 그 집은 과거를 함구한 채 더욱 빨간빛을 자랑한다. 감금실 비좁은 복도 벽에는 일본의 신사에 예를 갖추느니 차라리 죽음을 택하겠다는 어느 한센인의 절규가 걸려 있다.

한센인이었던 한하운 시인의 시비詩碑가 예사로 보이지 않는다. 누운 채로 땅에 박힌 돌은 당시 병원장이 한센인들을 모아놓고 공원 조성을 독려하던 자리, 그 연단은 지금 그들의 고통을 위로하는 자리가 되었다.

일정이 빡빡해 서둘러 선착장으로 가는 중에 흰옷을 입고 스쿠터를 모는 여성을 곁눈질한다. 그녀의 얼굴엔 눈썹과 코가 없다. 가슴 한쪽이 서늘해 온다. 소록도가 점점 멀어진다.

부디 저곳에 다시는 일세기 전과 같은 눈물이 뿌려지지 않기를, 여느 곳처럼 행복한 낙원이 되기를 기원한다. 내내 마음이 쓰이던 스물일곱 살 청년 환우의 빠른 쾌유를 빈다.

불안한 잠

역 구내 곳곳에서 한뎃잠을 자고 있는 모습이 눈에 띄었다. 신문지 몇 장을 깔고 덮거나 대합실 바닥을 요 삼아 누운 이도 있고, 아예 웃통을 벗고 네 활개를 편 대담한 이도 있다. 다행히 여자는 없었으나 꽤 젊어 보이는 이들도 서넛은 있는 것 같다. 사정이야 있겠지만 무엇이 저들을 거리로 내몰았을까. 무언가를 두고 온 사람처럼 나는 자꾸만 뒤를 돌아보았다.

장항선 열차 객실, 미처 어둠을 빠져나오지 못한 바깥을 내다보았다. 좀전에 보았던 이들과 저 어둠이 닮아 있는 듯했다. 가끔 지나곤 하는 영등포역의 모습과도 크게 다르지 않았다.

'도깨비 방망이 하나 있었으면 좋겠다.'

뜬금없는 소원 하나가 얼굴을 내밀었다. 그 방망이로 '돈 나와라 뚝딱, 집 나와라 뚝딱' 소원을 빌면 차례차례 돈이 쏟아져 나오고 집이 나올 텐데. 그러면 저들은 그 집에서 편히 자고 생활할 수 있을 텐데. 나는 마치 어린아이로 돌아간 듯 상상의 방망이를 휘둘러 보았다. 그러나 유리창에 비치는 건 여독이 가시지 않은 내 얼굴뿐이었다.

그들 옆에 뒹굴던 빈 소주병이며 물병, 과자봉지 등이 눈앞에 나타났다가 사라지고 다시 나타나곤 했다. 좀처럼 속내를 드러낼 것 같지도 않고 누구 하나 그들의 사정을 알고 싶어하는 것 같지도 않았지만, 그들은 이 생활에 적응이 된 듯 서로 농담을 주고받기도 했다. 하긴 그곳은 밤이면 찾아드는 그들의 집인 셈, 그들은 서로 낯을 익힌 동료 내지는 식구일지도 모르겠다.

시문학 강의를 하는 어느 교수에게서 들은 얘기다. 그분은 어느 자치구에서 운영하는 노숙자 합숙소에서 강연을 하게 되었다고 한다. 그때 유독 눈에 들어오는 이가 있었는데, 사십 내 초반쯤으로 보이는 그는 좀 독특했단다.

그분은 그날 통성명을 하고 몇 마디 말을 나누면서 그가 노숙자로 전락한 연유를 듣게 되었다. 삼십 대 초반에 시작한 사업이 번창하여 잘나가던 그였지만, 가족여행을 다녀오다가 교통사고로 아내와 두 아이를 잃었다. 보험금으로 수억을 받았지만, 술로 탕진하고 친구 꾐에 넘어가 남은 돈마저 사기를 당했다. 그는 체중이 38킬로그램밖에 나가지 않는 피골이 상접한 모습이었는데, 매번 강의가 끝나면 교수와 상담을 하는 등 자활 프로그램에 참여해 직업교육을 받고 있다고 한다.

수많은 사람들의 시선을 받는 것도 일상화되어 부끄러움을 느끼지 못하는 이들. 길에 버젓이 드러눕는 용기를 갱생의 의지로 바꿔 땀 흘리는 노동의 가치와 의미를 알아간다면 얼마나 좋을까.

나와는 상관없는 일이라고 지나치기보다는 그들도 한때는 내 이웃의 누구였을지 모른다는 생각이 그들을 다시 일으켜 세우게 되지는 않을까. 영하의 날씨를 피해 역으로 들어온 사람들의 불안한 잠이 여전히 춥게만 느껴졌다.

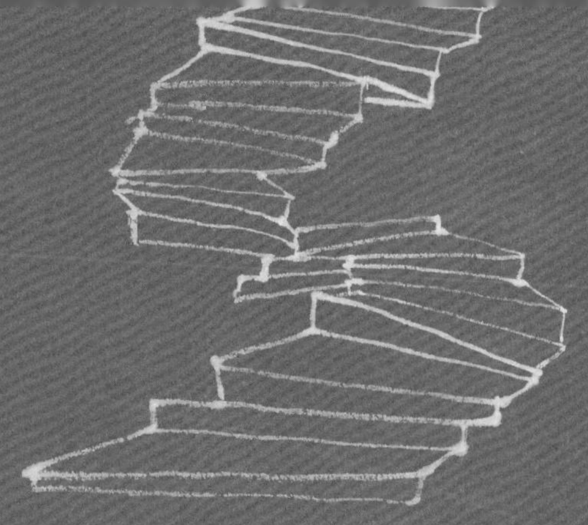

3.

그리운 기억

그림자 화석

국화꽃에 묻힌 오빠의 영정을 바라본다. 수없이 불러보지만 오빠는 아무 말이 없다.

“어머니, 저 아이가 없었으면 어쩔 뻔했어요?”

“그러게 말이다. 저것이 없었으면….”

등잔불 아래 두 분이 마주 앉아 두런두런 이야기를 섞고 있었다.

“총명한 게 신통해요.”

“사내아이였다면 더 바랄 게 없는데….”

문득 잠귀가 열렸다. 유복녀인 나를 두고 어머니와 오빠가 주고받는 말에 어렸어도 그 말을 알아들은 나는 잠든 척 몸을 뒤척이지 않았다. 그 뒤 두 분의 그 말씀이 내 인생의 자긍이었고 지침이기도 했다.

오빠는 내게 아버지와 같았다. 아버지 정을 모르는 내게 듬뿍 정을 주었다. 오빠를 보기만 해도 세상에서 내가 제일 행복한 것 같았다. 나를 그윽하게 바라봐 주었고 또 못생겼다고 골리기도 하던 오빠였다.

초등학교 다닐 때였다. 서울에서 회사 다니던 오빠가 새언니와 젖먹이 조카를 데리고 고향집으로 돌아왔다. 무슨 이유인지 통 밥을 뜨지 못했고 배가 아프다며 앓는 소리를 냈다. 사랑하는 오빠의 고통스런 신음에 나는 제대로 잠들지 못했다. 신음 소리가 끊기면 귀를 대고 숨소리를 확인하곤 했다. 나의 안타까움과는 달리 새언니는 코를 골며 깊은 잠에 빠지는 것이었다. 얼마나 고단하면 그럴까, 하는 마음보다는 서운한 마음이 컸다.

오빠가 그나마 입에 대는 것은 수수갱엿이었다. 어머니는 엿을 고아 놋양푼에 담아두고 수시로 떠먹였다. 신통하게도 오빠는 토하지도 않았고 배가 아프다는 신음도 뱉지 않았다. 일 년 가까이 앓는 오빠를 보며 나는 오빠가 죽지 않게 해 달라고 기도했다. 짐작건대 그때 어머니는 하늘이 무너지는 것 같았을 것이다.

오빠는 군에서 씨름장사로 이름을 날렸기에 선생님들이나 마을사람들은 나를 자랑스러운 오빠의 막냇동생으로 대해 주었다. 오빠의 동생이라는 사실이 자랑스러워 나는 어깨가 으쓱해지곤 했다. 그러면서도 오빠의 이름에 먹칠하지 않겠다는 각오로 행동거지를 조심했다.

어머니가 꾸준하게 고아먹인 수수갱엿 덕이었는지 오빠의 배 아픈 증상도 차츰 사라졌다. 하루가 다르게 건강을 추스르더니 예나 다름없는 모습으로 돌아갔다. 뿐만 아니라 사촌오빠와 탄광사업을 하면서 순항을 하는 듯했다.

그러나 오빠의 항해는 뜻밖에 암초를 만나 결국 '부도'라는 암울한 결과를 맞게 되었다. 궁여지책, 오빠의 피난처는 서울 우리 집이었다. 오빠를 위해 어떻게든 잘해 주고 싶었지만 마음만큼 그러지 못해 죄송했다. 소화력이 약한 오빠를 위해 부드러운 음식을 준비하는 것이 고작이었다. 이렇게 구차하게 지내던 오빠는 결국 재기에 실패했고 자식들 뒷바라지도 제대로 못했다.

남자다운 골격에 황소를 몰고 대문으로 들어서던 오빠

의 기백은 어디로 갔을까. 몸이 야위어 가랑잎처럼 바스락거리던 오빠. 비린내 나는 포구에 앉아 술 한 잔 건네드리며 그 상처를 달래주었더라면…. 그렇게 하지 못한 아쉬움이 한동안 현의 낮은 음률처럼 징징거리며 머뭇거릴 것이다.

이제 오빠의 육신과 영혼은 망망대해 끝없는 허공으로 가뭇없이 떠나버렸다. 죽음은, 그리움과 회한의 그림자 화석이 되어 산 자의 가슴에 남는 것일까. 오빠의 그림자 화석은 내 가슴속에 오래 남아 있을 것 같다.

아름다운 사람, 큰언니

활활 타오르는 화구 속으로 관이 밀려들어갔다. 만근 무게의 짐을 내려놓은 언니는 그날 세상과 영영 작별했다. 화장장을 에워싼 산등성이가 울음으로 가득했다. 가늠할 수 없이 울어대던 뻐꾸기도 목이 쉬어 있었다.

어머니가 돌아가신 뒤 언니는 제부들을 끔찍하게 챙겼다. 맛있는 찬을 숟가락 위에 손수 얹어 주던 언니는 정이 많은 사람이었다. 몸에서, 말씨에서 후덕함이 배어 나왔지만 몸매는 얌전한 기생 같았던 언니. 동백기름을 발라 쪽진 머리는 동글납작한 얼굴을 빛내 주었다. 그리고 음식의 기미도 고리타분하지 않았다. 언니는 고전과 현대를 알맞게 배합하는 융통성을 보였다.

덕성과 교양을 겸비하면서도 진보적이고 창의적인 언니는 현대 문화에 깨인 사람이었다. 대가족 종부였던 언니는 몸은 고달팠지만 항상 웃으며 사람을 반겼다. 한결같은 심성으로 종가 종부의 품위를 잃지 않고 내 · 외가를 보살폈다.

그렇다고 세 동생들에게 종부의 고충을 털어놓은 적이 드물다. 윗사람으로서 책을 잡히지 않으려는 것도 있었지만 언니의 심성은 본바탕부터 남달랐다. '역지사지' 의 심덕을 강조한 언니의 존재감이 얼마나 컸는지, 언니를 떠나보내고 나서야 알았다.

언니의 가정사는 다 알 수 없지만, 언니가 떠난 뒤 바람결에 들려오는 이런저런 소리들로 그간의 사정을 어렴풋 알게 되었다. 그러나 언니는 우리에게 끝까지 함구했다. 사람 됨됨이는 그가 떠나간 뒤에 드러나는 것인지도 모른다.

언니의 너그러움은 사악함을 품어 주고도 그것을 끝내 발설하지 않았다는 것이다. 언니의 묵직한 성정 앞에서 눈물을 닦으며 뇌뇐다. 언니는 참으로 아름다운 사람이었다고.

탐색전

가을이 머지않았는지 살갗에 오소소 와 닿는 바람이 달랐다. 밀물진 방파제에는 낚시꾼들이 여럿 모여 있었다. 그들은 방금 건져 올린 것을 회를 떠서 소주와 곁들이고 있었다.

두 사람은 말없이 바닷가를 걸었다. 무어라 건넬 말도 건너오는 말도 없어서, 멀리 목만 내놓은 무인도만 훑고 있었다. 괭이갈매기 소리가 허공을 긁고 방파제에 막혀 다시 돌아서는 파도가 하얀 물보라를 흩날렸다. 늦여름은 경계선 밖으로 달아나려는 듯 수평선에 걸려 있었다.

'이 남자와의 미래는 어떨까. 계곡 옆 잔디밭이 펼쳐진 그림 같은 집에서 남자는 일을 하느라 땀을 흘리고, 여자는 레이스 달린 앞치마를 두르고 지아비와 아이들을 위해 행복한 밥상을 차릴 수 있을까.'

꼬리를 물고 이어지는 공상이 갈매기 울음소리에 섞여 공중으로 흩어졌다. 아름다운 서해바다 낙조에 이끌려 상상의 나래를 펼쳐 보았지만, 남자는 아무 느낌도 없는 듯 말없이 걸었다.

'저 남자에게 나는 끌림이 없다. 확 잡아당기는 그 무엇이 없다.'

집에 가겠다는 내 말에 실망했는지 그의 표정이 순간 일그러졌다가 제자리로 돌아왔다. 근처 기관선에서 거룻배로 옮겨 담는 물고기의 비린내 때문일지도 모른다고 나는 그의 표정을 못 본 체했다. 아직 파닥거리고 있는 고기들이 햇빛에 반짝 빛났다. 그 사이로 내 주먹만한 소라가 눈에 띄었다. 바로 그것이었다. 속내를 숨긴 채 입을 다문 조개보다는 우툴두툴한 소라처럼 있는 그대로 보여 줘야만 하는 것이라고 나는 생각했다.

그에게 묻고 싶었다. 어떤 계획을 세우고 있으며 나와는 어떻게 이어가고 싶은지. 그러나 그는 아무 말도 하지 않았다. 어색했다. 무슨 분명한 언질을 주기보다는 그저 그렇게 넘어가고 싶은 것이라고 나는 짐작했다. 그런 그에게서 아교질 같은 끈적거림은 느껴지지 않았다. 그의 미온적인 태도와 열정도 없어 보이는 말들이 그런 감정을 더욱 부추겼다. 말솜씨가 없으면 어떤가, 마력 같은 매력이 있으면 되지. 나는 스스로 위안했지만 그에게는 그런 매력도 없어 보였다.

그를 소개하면서 친구는 영업을 해 봐서 친화력이 있고 능력도 있다고 그의 장점을 말해 주었지만, 그것은 겉으로 드러나는 능력일 뿐, 내가 바라는 것은 아니었다. 포구를 떠나오면서 내게 표현하지 못한 그의 허탈감을 잠시 느꼈지만, 나는 못 본 척 차창 밖 풍경에만 매달렸다.

홍시빛 석양이 바닷속으로 가라앉고 있었다. 산 언덕 무리지어 핀 산국이 나를 나무라듯 바라보았지만 나는 더욱 옹골차게 마음을 다졌다.

'그는 나를 끌어당기는 매력이 없어.'

한 길 사람 속, 그리고 표정

얼굴 근육이나 신경의 떨림으로 사람의 마음을 읽을 수 있다. 그래서 얼굴은 마음의 정직한 거울이다.

극심하게 초조하거나 불안할 때, 눈은 커지고 눈동자는 더 깊어 보인다. 기분 나쁠 때와 기분 좋을 때의 표정은 확연히 달라서 금방 그 사람의 상태를 알아차릴 수 있다. 내가 사람들의 표정을 깊이 관찰하게 된 동기가 있다.

결혼 전 시누이 될 사람과 소풍을 간 적이 있다. 내 주위에 적지 않은 친구들이 있었지만 그들에게서는 전혀 느끼지도 보지도 못한 표정을 나는 그날 시누이에게서 봤다. 날카로우면서도 쌀쌀맞은 표정은 그의 곳날이 약간

비뚤어져 보이기까지 했다. 그 도도함이 시누이와 내 사이를 서먹하게 했다.

하지만 너울가지가 좋은 나는 시누이와 말을 트고 사이를 좁히며 자연스럽게 가까워졌다. 둘 사이에 두툼한 신뢰관계가 형성되기 시작한 것이다. 그는 자신에게 철저히 인색했지만 부모형제에게는 넉넉히 베풀곤 했다.

가족의 중추 역할을 하는 그는 훌륭한 시누이였고, 나는 그것이 자랑스러웠다. 처음 시누이를 보았을 때 느꼈던 인상과 다르게 지금까지 원만한 관계를 유지하면서, 내 섣부른 판단과 선입견이 얼마나 위험한 것이었는가를 알게 되었다. '속 다르고 겉 다르다' 는 속담은 부정과 긍정 모두를 내포한 말인 듯하다.

외양은 순진가련형인데 입에서는 독설이 쏟아져 나와 충격적이었던 사람도 있다. 영원히 치유될 수 없는 상처를 남겨 준 경우다. 그는 내게 다른 별에서 온 사람이었고, 아무리 이해하려고 해도 이해가 되지 않는 사람이었다. 그런 사람은 피하면 그만이고 만나지 않으면 되지만, 가족관계라 어쩔 수 없이 부딪쳐야만 할 때 극심한 피로감은 말로 표현할 수가 없다. '겉을 보니 속도 좋을 것 같다' 는 말은 이런 사람에게는 전혀 해당되지 않는다.

사람은 분명 겉과 속이 다르다. 외모보다는 속이 훨씬 훌륭한 사람이 있는가 하면, 이와 달리 외모는 훌륭한데 속이 사악한 사람도 있다. 그러나 어느 정도 일치하는 사람은 겉과 속이 같다고 해도 무방할 것이다. 웃는 표정과 부드러운 말본새에서 그 사람의 성격과 교양과 됨됨이를 알 수 있기 때문이다.

가슴이 따뜻하면 얼굴은 절로 환하게 피어오르고 후덕한 됨됨이에서 고요하고 은은한 표정이 나오는 것이다. 독설은 독설을 낳을 뿐이다. 상대를 배려하는 너그러움이 아름다움이다.

그리운 기억

땅거미가 내려앉는 시간. 한낮의 소란스러움은 어디론가 자취를 감추고 숨어 있던 여유가 조금씩 모습을 드러낸다. 고요한 이 시간, 나는 뭔지 모를 아련한 그리움을 안고 홀로 중얼거리기 시작한다. 중얼거림은 차츰 흥얼거림으로 바뀌고 곧 돌아올 식구들을 위해 저녁 준비를 서두른다.

시골의 땅거미는 너울처럼 산 그림자와 함께 내려온다면, 도시의 땅거미는 가슴에 살포시 안기는 맛이 있다. 건물의 유리벽을 황금빛으로 태우던 빛이 사위고 나면, 그제야 순하게 찾아드는 어스름. 거리를 오가던 소요도 집을 찾아 돌아가는 어머니의 포근한 품 같은 시간이 땅거미가 질 무렵이다. 그러나 도시는 또다시 불빛으로 소란스러워지고, 이럴 때면 나는 먼 시절의 골목이 문득 그리워지곤 한다.

그 오래된 골목은 할머니 품처럼 늙어도 사람 냄새가 나고 정이 어우러지는 곳이었다. 그곳엔 별이 쏟아지는 밤 밀짚방석을 깔아놓고 오소소 소름 돋는 옛날이야기를 들려주던 경남이 어머니가 있고, 지게를 지고 오르내리며 우리 집 두멍에 물을 날라주던 장 서방이 있다. 속이 다 비치는 그의 삼베옷은 곧잘 골목의 수다거리가 되곤 했다. 몸은 늙어도 추억은 그대로여서, 언제든 부르기만 하면 가슴 저 안쪽에서 배시시 웃으며 나온다.

엊그제 전화 한 통을 받았다.

"승순아, 정말 보고 싶다. 어떻게 변했을까, 너무 궁금하다."

"누구니?"

음성만으로 누구인지 금방 알아차리지 못했다.

"나, 병규야."

"병규? 너 죽은 줄 알았는데 살아 있네. 나도 보고 싶다."

죽음이라는 말이 먼저 튀어나왔지만 주워 담을 수도 없었다. 여태 나는 병규가 이 세상 사람이 아닌 줄 알고 있었기에 놀라움과 반가움이 겹쳤다. 그만큼 소원했구나 싶어 미안함이 고개를 들기도 했다. 그러나 몇 십 년의 세월은 아무런 공백을 만들지 못했다. 마치 며칠 전에 본 친구대하듯 두서없는 추억담이 오고갔다.

"병규야, 쌀 훔쳐다가 너희 집에서 밤참 해먹은 거 생각나니?"

"그럼, 생각나고말고. 우리 집 닭장에서 달걀도 훔쳐 먹었는데."

실타래처럼 술술 풀려나오는 추억담은 계속되었고, 전화 말미에 우리는 만나기로 약속을 했다. 잠자리 날개 같은 시폰 원피스를 입은 병규가 내 앞에 섰다. 병규가 이렇게 예뻤다니. 내 키만 한 병규는 단정하고 고왔다. 우리는 한동안 얼싸안고 반가움을 나눴다. 병규와 나는 '참새골'과 '잔골'에 살던 죽마고우. 이제는 사는 모습도 형편도 서로 다르지만, 그와 나는 별반 다르지 않았던 시절로 거슬러 올라갔다.

그러나 똑똑했던 병규의 작은오빠며 여동생이 이미

세상을 떴다는 소식은 가슴을 저리게 했다. 기품 있는 집안의 몰락이 안타까웠지만 병규는 여전히 점잖고 우아했다. 딸만 둘 두었다는 병규. 그중 판사가 된 딸이 엄마의 옛 친구와 맛난 거 잡수시라며 용돈을 넉넉히 주었다고 병규는 웃었다. 우리는 호수가 내려다뵈는 카페에 앉아 커피를 마셨다. 그때가 노을이 지기 전의 아련해지는 시간이었던 것 같다.

점점 노을져 가는 우리들의 시간, 언젠가 나와 병규의 생에도 땅거미가 내려앉겠지. 그래서 더욱 소중한 시간, 그리움으로 마냥 다가서고 싶은 시간이다.

46년 만의 해후

여고 동창들이 모였다. 두툼한 세월 탓일까. 금세 알아보기도 했지만, 초면인 듯한 사람도 많았다.

만남을 주선한 친구는 단합에서는 내로라하는 능력자, 낮밤을 가리지 않고 동창들에게 전화를 걸었다고 한다. 이제 와서 무슨 모임이냐고, 다 늙어서 새삼스럽지 않느냐고 말하는 동창들에게 그는 '지금이 아니면 우리가 함께 만나는 일은 어려워질 수 있다'며 설득했다고 한다.

45명이나 참석했다고 좋아하는 그 친구 얼굴에 홍조가 피었다. 은사님 선물을 챙기면서 설렘 가득한 콧노래를 흥얼거렸다. 곁에서 돕는 동기들 역시 신바람이 났다.

엄동설한인데도 흰 목을 우아하게 내놓은 동창들, 뽀얀 살결에서 관능미마저 뿜어냈다. 우리는 잠자던 기억을 깨우느라 분주했다.

"얘, 너 유명했던 깡패 ○○○지?"

잊고 있던 별명을 불러도 조금도 불쾌한 기색 없이 환하게 웃었다. 사춘기의 풋풋함이 이제는 넉넉하게 곰삭고 주름진 나이테마다 품위가 깃들었다.

"너 교문 앞에서 기다리던 그 남학생과 결혼했니?"

나를 툭 치며 아는 체를 하는 얼굴에 불현듯 젊은 그때의 추억과 해후한 나는 축 처져 있던 내 존재감에 잠시나마 생기가 돌았다. 아름다운 영상들이 번개처럼 스쳐 지나갔다.

드디어 은사님들이 오셨다. 등이 굽은 '득하' 선생님, 논픽션 작가이자 언론사 고문으로 계신다는 청년 같은 '낙봉' 선생님, 여전히 가냘픈 색시 같은 우리 담임 '성준' 선생님, 은은한 미소가 고운 '필모' 선생님, 전교생의 인기를 한몸에 받았던 '찬영' 선생님은 그날도 '오빠'로 연호되었다. 낙봉 선생님이 부른 조용필의 '친구여'를 네 선생님이 한 소절씩 나누어 부르셨다. 늙은 제자들도 자연스럽게 따라 부르며 눈물을 찍어냈다.

"얼마 전 앨범을 펼쳐 보았습니다. 사진 속의 여러분은 소녀였습니다. 그런데 이게 웬일입니까. 반세기 전에 졸업한 제자들의 초대를 상상이나 했겠습니까?"

은사님의 울먹거리는 말씀에 연회장이 숙연해졌다. 세월을 거슬러 오른 우리는 여고시절로 돌아가 있었다. 식사는 부드럽고 자극적이지 않은 걸로 접시에 담아다 드렸다. 선생님들은 그 음식조차도 제대로 잡수시지 못했다. 그래도 제자들의 청에 응해 주셨다는 것에 시큰, 눈시울이 매웠다. 인물이 훤칠하고 바바리코트를 즐겨 입으시던 '득하' 선생님의 뒷모습에서 적막함이 읽혔다. 이것이 인생의 순리라면, 그분들의 모습이 머지않아 우리 모습이 아닌가.

분위기가 어지간히 가라앉을 때쯤 만남을 주선한 친구의 사회로 조촐한 여흥 시간이 이어졌다. 반세기 전 전교에서 성악으로 이름을 떨치던 친구의 독창이 이어졌다. 소녀 적에도 그랬지만 여전히 수줍음이 많고 겸손한 친구는 최근에 병마를 딛고 일어난 창백한 얼굴로 '그네'를 열창했다. 노래 한 소절마다 그간의 시련이 배어 나왔다.

친구들에게 제 용돈을 털어 교통비를 전해 주던 친구였다.

친구가 불러주는 가곡에 명치끝이 아렸다. 반세기 전 그때, 우리는 순수의 마당에서 차별 없이 부대끼던 소녀들이었다.

은사님들의 배웅을 마치고 나자 연회장은 나룻배 떠난 강나루처럼 고요해졌다. 그날 우리는 모두 아름다웠다.

상현이 시현이를 기르며

"난 할머니가 너무너무 좋아요."

이제 다섯 살인 손자의 말이 가슴에 온기를 지피며 환한 미소를 짓게 만든다.

"할머니, 미안한데요. 이것 좀 부탁해도 될까요?"

"할아버지, 고생하셨어요."

시킨 것도 아닌데 꼬박꼬박 경어를 붙이고, 초등학교 고학년쯤에 해당하는 언어를 구사하는 손자를 보면 언제 이렇게 컸을까, 대견스럽다.

쌍둥이 손자 손녀를 기르며 가장 신경 쓴 것이 전두엽 발달이다. 어휘력은 물론 적절한 언어 구사를 하기 위해

서는 전두엽이 중요하다고 해 머리를 부딪치거나 다치지 않도록 유독 조심을 했다.

노력한 만큼 손자는 좋은 결과를 얻은 듯하지만, 손녀의 어휘력은 손자에 비해 좀 떨어진다. 대신 손끝이 야물고 무엇이든 손에 쥐면 새로운 것을 만들어 내는 창의력이 풍부하다. 블록을 조립해 무언가를 뚝딱 만들어내고, 도화지에 그린 그림에서는 그 아이만의 독창성이 보인다. 글자 인지능력도 뛰어나 가르쳐 주면 다음 날 잊지 않고 제대로 쓴다.

'실낱같다' 는 말, 소원의 봉오리가 잡힐 것 같은 이 말에는 긍정의 의미가 들어 있어 자주 사용하게 된다. 간절하게 바라는 그 무엇은 손자 손녀는 물론 아들과 며느리 모두에게 해당하는 것이어서 정성으로 기도한다. 이 기대가 '기필코' 이루어지는 것은 아니어도, 실낱같아도 진심은 통한다고 하지 않는가.

어느 날 내 발등에 끓는 물을 쏟는 사고가 있었다. 손자 손녀 저녁을 서두르다 벌어진 일이었다. 아픈 것도 아픈 것이지만, 정신이 몽롱해서 시리분별이 되지 않는 그때 마침 며느리가 퇴근을 했다. 평소 살가운 며느리를 보지

하소연할 상대가 생겼다는 마음에 아픔을 토로했다.

"에미야, 나 끓는 물 뒤집어썼다. 발이 화끈거려서 죽겠구나."

관심을 보여 줄 줄 알았던 며느리는 의외로 냉담했다.

"약 바르시죠. 약 없으면 병원에 가시고요."

낯빛이 싸늘해진 나는 적잖은 충격을 받았다. 평소 보아 온 며느리가 아니었다. 환부를 보자고 할 줄 알았는데, 어찌하면 좋으냐고 걱정해 줄 줄 알았는데 고작 의례적인 말만 하다니. 저희들 자식 봐주다 그런 건데. 울컥, 괘씸함과 서러움이 올라오는 걸 느꼈다.

"할머니, 좀 괜찮으세요? 걱정돼요."

살가운 말을 건네는 건 손자 상현이었다.

"상현아, 정말 고맙다. 어쩌면 그렇게 사랑스러운 말을 할 줄 아니?"

대견해서 한마디 했다. 사실 손자가 예의바른 아이로 자랄 수 있었던 것은 며느리의 교육 덕분이다. 중학교 교사인 며느리는 사랑과 인성을 우선했다. 시어미가 제 자식들 나무라도 조금도 언짢아하지 않고 오히려 내게 힘을 실어 주었다. 어린 것들이 잠자리에 들기 전 반드시 할아버지 할머니를 안아드리라고 말하고 그것을 이행하지 않으면 침실로 보내지 않는다.

우리 부부는 아이들과 포옹하고 뽀뽀하는 것으로 하루를 마감한다. 주말 온 식구가 식탁에 모이면 '감사하다'는 말을 서로 건네게 만든 것도 며느리다. 그런데 화상을 입은 내게 데면데면하게 대했다는 이유로 며느리는 그동안에 쌓은 점수를 한꺼번에 날려먹은 것이다. 평소와 달리 아들마저도 화상이 다 나을 때까지 살갑게 다가오지 않아서 아들 며느리 둘은 묶음으로 내 눈밖에 났다. 인정 많고 예의바른 아들과 며느리가 아니었다.

남편이 출근 전과 퇴근해 와서 소독해 주고 약을 발라주어 3주 만에 화상은 다 나았다. 부지런히 간식거리도 사다 주었다. 그러나 그동안 아들 내외에 대한 서운함은 더욱 쌓이고, 일요일 아침 반찬을 사다 먹겠다는 말에 나는 드디어 폭발했다. 미리 찬을 마련해 두었기에 더욱 화가 났다.

"반찬이 있는데 왜 사다 먹는다는 거야?"

나도 모르게 목소리를 높였다. 그러나 고분고분할 줄 알았던 아들은 오히려 말대꾸를 했다. 괘씸한 생각에 되받아쳤다. 아들은 휙, 제 방으로 건너가 버렸다.

"여보, 애비가 우는 것 같아. 그냥 내버려두지 그랬어."

남편이 한마디 했다. 아들이 운다는 말이 가슴을 뜨겁게 했다. 내가 저희들 미워서 그랬을까. 당연히 할 말을 한 것뿐인데. 그때 손자가 들어왔다.

"할머니, 우리 아빠 울었어요. 용서하시고 야단치지 마세요."

"할머니, 아빠 혼내지 마세요. 화해하세요, 화해하시라구요."

용서, 화해라는 말이 가슴을 찔렀다. 저 원만함과 저 포용력은 어디서 왔을까. 그리고 저 기백은 누구에게서 받은 것일까. 순간, 부끄러웠다. 손자의 뒤에는 보이지 않는 며느리와 아들의 가르침이 있었던 것이다.

"어머니, 저는 여선생님들에게 왕따예요. 무엇 때문에 그런 줄 아세요?"

"왜 그러는데?"

"어떤 선생님은 시어머니와 같이 앉아서 밥 먹는 것도 싫은데 어떻게 시어머니와 함께 술을 마실 수 있느냐고 이해할 수 없대요."

"어머님과 한 잔 할 때, 어머님이 적당히 취하시면 아주 멋지세요. 그래서 저도 기분이 좋구요."

별로 마시지도 못하는 아들도 끼어들어 분위기를 맞춰 준다.

"어머니 쭈~욱, 지현아 쭈~욱!"

그런 관계가 잠시 소원해졌다고 가족의 끈끈함이 사라지겠는가. 저녁 식탁에 자리를 잡고 앉으며 아들에게 말을 건넸다.

"애비야, 네 아들이 아빠 용서하라고 그러더라."

"상현아, 고마워."

제 아들을 바라보는 애비의 눈빛이 흡족했다.

이튿날 낮에 아들과 며느리에게서 문자가 날아왔다.

"어머니, 아직 회사입니다. 어제는 제가 잘못했습니다. 화상이 얼마나 고통스러운데, 그걸 헤아리지 못했습니다. 수양이 부족한 아들 넓으신 아량으로 용서하세요. 항상 고맙습니다."

"어머님, 지현입니다. 저희가 어머님 은혜를 모른다는 건 천벌 받을 짓이구요, 상현이 시현이 건강하게 잘 자란 거, 저 스트레스 없이 학교 일에 전념할 수 있는 거 다 어머님

덕택입니다. 저희 절대 모르지 않고 늘 느끼고 감사하고 있어요. 어제 어머님 말씀에 가슴 아팠는데 저희 마음은 절대 아니구요, 젊은 시절 고생하셨으니 이젠 대접받고 사셔야죠. 어설프더라도 저희랑 상현이랑 시현이가 할게요. 어머님, 감사하고 감사합니다."

보호자에서 피보호자가 되다

3호선 화정역에서 지하철 문이 열렸다. 오늘 행동대장은 여덟 살짜리 손자, 부대장은 동갑내기 손녀딸이다. 우리 세 식구는 저돌적으로 달려가 자리를 잡았다. 아니, 결사적으로 쟁취했다는 말이 옳을 성싶다. 적당히 체면 유지를 하며 아이들 곁에 슬그머니 앉았다.

교통노선 탐방과 재래시장 탐방에 남다른 관심을 가진 상현이는 여름방학 동안 할머니와의 추억 만들기 프로젝트에 돌입했다. 프로젝트의 목적은 단연 견문 넓히기다. 그 계획이 이루어져 즐거운지 두 아이는 재잘거리기 시작했다. 대중교통을 이용할 기회가 없었던 이이들은 미리

암기해 둔 3호선 역명을 신명나게 열거하며 서로 경쟁하듯 뽐냈다. 3호선뿐만 아니라 경의선, 문산에서 용문까지 역명을 꿰뚫고 있었다. 아마도 미지에 대한 호기심 때문이었을 것이다.

어떻게 그렇게 잘 외울 수 있느냐고 한껏 칭찬해 주었더니 1호선 천안까지도 외우고 있다며 으스대었다. 그 시간대가 오전 11시였으니 차내가 별로 복잡하지 않아 두 아이의 재잘거리는 소리가 그다지 귀에 거슬리지는 않았다. 오히려 어른들이 신통하다는 눈웃음을 넌지시 보내주는 것처럼 느껴졌다.

"와, 저기 풍경 좀 보세요."

지상으로 나오자 차창 밖으로 보이는 북한산 봉우리와 능선을 가리키며 꽤 감성적인 손자 상현이가 좋아했다. 그리고 둑 밑으로 흐르는 개천을 가리키며 시냇물이 흐르고 있다고 말했다. 생활 오수로 검게 오염된 개천을 시냇물이라고 하다니.

아이들에게 개천의 원형을 설명해 주었지만 포장된 도심에서만 살아온 아이들이니 이해가 잘 되지 않는 모양이었다. 내가 어린 시절에는 시냇가에는 꼭 버들강아지가 피고, 또 물억새가 우거져서 물살이 쉬어가기도 하고, 송사리 떼들이 물길 따라 헤엄치는 것이 다 들여다보일 만큼 맑았었다.

우리 셋이 가고 있는 목적지는 강남고속버스터미널이었다. 화정역에서 50분쯤 걸리니 길지도 짧지도 않은 거리였다. 드디어 터미널역에서 내리려고 문 앞에 바싹 서 있었다. 그때 어느 노신사께서 두 아이를 번갈아 보며 말씀하셨다.

"너희들 참 이쁘다. 할아버지가 보고 있으려니 굉장히 착한 것 같더라."

나와 두 아이는 정중하게 고맙다는 인사를 했다.

"너희들 할머니 사랑해 드리고 잘 보살펴 드려라."

대견하다는 눈빛으로 두 아이에게 당부하셨다. 노신사의 인자한 눈빛과 온화한 웃음, 인정 넘치는 모습이 오랫동안 생각날 것 같았다.

복잡하게 연결된 통로를 따라 들어선 화려한 상점들에 시선을 빼앗기다 보니 인파에 휩쓸려 떠밀려 다녔다. 두 아이는 쌓이고 쌓인 상품에는 관심이 없는지 빠른 걸음으로 지나쳤다. 내 관심과는 다른 목적이 있는 것 같았다.

"애들아, 우리나라가 얼마나 잘사는 나라인지 저 물건들 좀 보려무나."

"할머니, 저기 나노블록이 많아요."

한참 유행하는 입체 블록이라는 것을 알고 있던 터라 나 역시 아이들 말에 대꾸하지 않고 그 상점 앞을 슬쩍 지나쳤다.

"애들아, 맛있는 점심 먹으러 가야지."

장난감에서 관심을 돌리려는 꼼수였다.

"할머니, 떡볶이와 라면요."

평소엔 좀처럼 먹이지 않는 메뉴였다.

"좋아, 오늘은 그렇게 하자."

두 아이는 눈을 반짝이며 기대감에 들뜨기 시작했다.

라면집을 찾아 한참 돌아다니다 발견한 곳은 꽤 유명한 만두집이었다.

"만두 한 접시, 치즈라면 두 그릇, 쫄면 한 그릇 주세요."

주문이 끝나자 손자 상현이가 웅얼웅얼 계산을 하는 듯했다.

"할머니, 17,500원인데 돈 있으세요?"

"아무렴, 있구말구. 걱정 말고 맛있게 먹어. 많이 먹어도 돼."

손자는 안심이 된다는 듯 얼굴이 환해졌다.

"할머니, 그럼 맘 편히 먹어도 돼요?"

'어린아이 소견이 저렇게 습습해서야.' 뿌듯하고 자랑스러웠다.

맛있게 점심을 먹으며 집에 갈 때는 두더지굴 같은 지하를 탈출하는 것이 좋겠다는 결론을 내렸다. 하늘도 보고 한강물도 볼 수 있으니 그렇게 하자고 의견을 모았다. 이제 지하를 빠져나가기 위해 출구를 찾아야 했다.

"할머니, 이제부터는 저희만 믿으세요."

두 아이는 내 손을 꼭 잡고 벽에 그려져 있는 출구 도면 앞에 섰다.

"할머니, 여기 현 위치에서 동쪽으로 쭉 가다가 8번 출구로 나가면 일산 방향으로 가는 일반 버스를 탈 수 있어요."

손자 녀석의 똑소리 나는 설명은, 이제 우리는 어린애가 아니라는 선언처럼 들렸다.

손자 상현이와 손녀 시현이의 인도로 지하에서 지상으로 나왔다. 기온이 35도쯤 되는 무더위였다. 순간 두더지굴 같은 지하로 되돌아가고 싶었다.

"애들아, 우리 다시 지하철로 가자."

두 아이가 안 된다며 펄쩍 뛰었다.

아스팔트 복사열에 숨이 막히는 듯했지만 버스정류장으로 걸어갔다.

"할머니, 여기는 분당 가는 쪽이에요."

야무진 시현이가 먼저 방향을 알아차렸다.

"이 녀석아, 여기가 왜 분당 쪽이냐?"

"할머니, 영등포 쪽은 지났구요, 분당 쪽이라니까요."

시현이는 발을 동동 굴렀다. 상현이도 동조하며 내 팔을 잡아끌었다.

아뿔싸, 내가 방향감각을 잃어버렸던 것이다. 터미널이 건너다보이는 곳이 우리가 서 있어야 할 곳인데 터미널을 등뒤에 두고 서 있는 게 아닌가. 순간 아찔했다. 두어 시간 지하에서 헤매다 나와서 그랬는지 방향감각이 흐려졌던 것이다.

"애들아, 미안해. 너희들 말을 믿어야 했는데."

"괜찮아요 할머니, 이제 저희들이 잘 돌봐 드릴게요. 걱정 마세요."

두 녀석은 내 양손을 단단히 잡아 주었다.

추억 만들기

요즘 들어 남편의 안색이 밝고 활기차 보인다. 거울도 자주 들여다보고, 앞모습과 뒷모습을 번갈아 힐긋거리며 몸매에 지대한 관심을 표하는 것이었다.

화색이 도는 남편의 눈과 내 눈이 마주쳤다. 잠시 의문이 일었지만 아마도 아들딸 가족과 함께 떠나는 여행에 대한 기대 때문이 아닐까. 나 또한 그날을 기다리고 있었다. 딸 시집보낸 지 13년 만의 여행이 이토록 들뜰 줄 몰랐다.

"여보, 나도 에너지가 넘치는 것 같아요."

남편은 고개를 끄덕이며 이유를 덧붙였다.

"우리 딸, 사위, 외손자와 함께 여행 갈 생각을 하면 피곤이 사라지고 행복해진다니까."

하고 있는 일도 탄력을 받았는지 까다로운 계약까지 성사되었다고 자랑을 했다.

아들네와는 외국 여행까지 함께 다녀오곤 했는데 딸네와는 그런 추억이 없다. 그러니 아직 서먹서먹한 사위와 가까워질 기회가 될 것 같아 기대가 되었다.

그날은 가을이 무르익어 가는 청명한 토요일. 강원도로 향하는 길은 고속도로는 물론이고 간선도로까지 주차장을 방불케 했다. 가다 서다를 반복하는 동안 날로 붉게 물들어 가는 풍경에 매료되어, 장장 9시간이나 걸린 목적지가 마치 어머니 치맛자락을 붙잡고 고개를 넘고 또 넘어 외갓집에 도착한 것처럼 조금도 지루하지 않았다.

우리 가족은 동해바다와 영랑호수가 한눈에 들어오는 전망 좋은 숙소 16층 6호실과 7호실에 여장을 풀었다. 오빠네는 가족끼리 훗훗하게 지내게 하자는 딸의 의견대로 우리 부부는 딸네와 함께 지내기로 했다. 그런데 친손자 손녀인 상현이와 시현이의 불만이 당장 터져 나왔다

"할머니 할아버지는 우리 집에 사시니까 여기서도 우리와 함께 주무셔야죠."

제 고모에게 이의를 제기하는 것이 아닌가.

딸은 할아버지 할머니를 챙기는 어린 조카들을 기특해하며 내 등을 다독여 주었다.

"엄마, 힘은 드셨지만 보람이 있네요. 앞으로 더욱 보람이 있을 거구요."

동해바다와 영랑호수가 파노라마처럼 펼쳐진 16층 테라스에 섰다. 바다와 합쳐지는 호수가 만과 같이 드넓었다. 그 잔잔한 호수에 때마침 일몰의 잔광이 빛나고 있었다. 그 빛 밖으로 일렁거리는 것은 무엇인가. 내 어머니와 한 번도 여행을 해 보지 못한 회한과 갖가지 상념들이 파문을 일으키고 있었다.

그때 할머니를 부르는 소리가 났다. 어느 틈에 밖으로 나간 세 아이가 나를 발견했나 보다. 외손자 민규는 축구 조기교육을 받은 선수급이지만 상현이는 배우기 시작한 지 얼마 안 되었는데도 공을 열심히 쫓아다녔다. 손을 크게 흔들어 주었다. 말수가 적은 사위가 아이들과 재미있게 놀아주는 모습이 흐뭇하고 든든했다.

드넓은 동해바다와 이어진 호숫가 숙소에서는 해조음이 들리지 않았다. 다만 부드럽게 뒤척이는 바람과 새들의 노랫소리가 어우러진 가을 산이 퍽 아름다워 보였다.

그날 아침 외손자 손을 잡고 거닌 것은 맛있는 추억 쌓기의 첫 경험이었다. 그건 벽돌을 한 장 한 장 쌓아올리듯 민규와 내가 이어나갈 관계의 초석이 될 것이며, 또한 외할머니의 사랑을 조금이라도 더 느끼게 해 주는 기회도 될 것이었다. 그래서 나는 민규에게 사랑의 눈길을 느끼게 해 주려고 애를 썼다. 하지만 스킨십 그 이상의 처방은 없었다.

외손자 민규는 일 년이면 기껏해야 네다섯 번 만나는 외할머니가 만만하지 않은지 내 팔짱은 다소곳하게 받아들였으나 겨드랑이까지 파고들지는 못했다.

"민규야, 할머니와 이렇게 걸어보는 거 처음이지?"

"네."

내심 '할머니와 걷는 것이 참 좋아요' 라는 대답을 기대했으나 짧은 대답만 들었다. 또 엄마 아빠에 대한 불만을 들어주고, 초등학교 5학년이면 혹 있을지도 모르는 여자친구 얘기도 듣고 싶었다.

"민규야, 너 엄마 아빠에게 불만 있어?"

"아니요. 지금보다 어렸을 때는 엄마가 조금 무서웠지만 이 세상에서 우리 엄마를 제일 사랑하는 걸요."

자신 있게 대답했다.

"아빠에게는 불만이 있겠구나."

유도심문을 해 보았으나 녀석은 손사래를 쳤다.

"할머니, 그렇지 않아요."

"너와 놀아줄 시간이 없잖니?"

"할머니가 잘 모르셔서 그러는데요, 시간이 나면 외출하시지 않고 저를 위해 끝까지 놀아주세요. 그래서 저는 아빠를 존경하고 사랑해요."

'끝까지' 놀아주었다는 말을 강조하며 아빠를 닮고 싶다고도 했다. 그리고 외할머니도 사랑한다고 말하는 것이 아닌가. 나를 사랑한다니, 뜻밖의 수확이었다.

민규의 손을 꼭 쥐어 할머니의 체온을 느끼게 했다. 녀석의 손에서 전해 오는 따스함. 참 행복했다. 주말만 되면 민규에게 고기 재워다 줘야 한다며 성화를 하시는 외할아버지의 사랑을 민규가 알아차리기를 바라며. 무엇이든 첫술에 배부를 순 없으니 이제부터 민규와 자주 만나 조금씩 추억을 쌓아 가리라. 멀리 수평선이 가늘게 눈을 뜨고 우리를 지켜보고 있었다. 또다시 사랑하는 딸과의 여행을 꿈꾸는 저녁이었다.

초록빛으로 기억되는 것들

창호지를 말갛게 바른 영창으로 햇빛이 비쳐 들었다. 뒤미처 김 서방이 안마당을 쓰는 빗질 소리가 나면 아침이구나 싶어 안방 뒷문을 열어 보면 뒤뜨락 낮은 언덕에도, 단정하게 정리된 장독대에도 엷게 햇빛이 내려와 있었다. 또 우리 가족의 일부나 다름없는 제비들은 벌레를 잡아다 새끼들 입에 넣어 주느라 소란을 피웠다. 그렇게 봄을 맞이하는 아침이 늘 따사롭고 포근했다.

우리 집은 광천읍에서 출발해서 결성까지 하루에 두 번 운행되는 완행버스 차부에서 영정골 고개를 넘는다. 고개를 넘자마자 부누티 벌판 기와집 마을을 건너다보면 아주

판판하고 평화로웠다. 거기서 서편으로 쑥욱 들어가는 정씨 집성촌이었던 역말, 그 동네는 가문이 융성해서인지 행세깨나 부리는 사람들이 많다는 소문이 자자했다.

역말에서 우리 집 쪽으로 걷다 보면 역시 왼쪽으로 청룡산 줄기 중턱에 천년 고찰 '고산사' 가 있다. 우리 집 일가분들이 소원을 품고 다니던 절이다. 나도 어느 해 어머니를 따라간 적이 있는데, 겨울 냉기가 엄습하는 법당에서 스님의 염불이 끝날 때까지 절을 했던 기억이 새롭다.

절이 있는 그 무량골이 결성 읍성에서 우리 집까지 가는 거리의 반이다. 거기서 빠른 걸음으로 30분이 걸리는, 친구의 집이 있는 참새골과 신댕이 논틀을 만나면 그곳에서부터 우리 동네 잔골이 시작된다. 신댕이 논틀을 가로지르면 우리 둑 안 밭이었다.

밭과 이어지는 안산 초입에는 아름드리 동구나무가 서 있었다. 한여름에는 뙤약볕에서 일을 하던 어르신들이 그 진한 그늘에서 한잠 주무시기도 했다. 그 땅은 우리 집 소유였으나 어찌된 일인지 나무도 우리 것이라는 말은 들어본 적이 없다. 아마도 마을을 수호하는 신성한 나무였기에 개인이 소유하는 것은 불경스러운 일이라 여겼던 것 같다.

그 느티나무는 어른들 네 아름은 되었고, 정면에 큰 함지박만한 부엉이 혹이 달려 있었다. 옆과 뒤쪽에도 큼지막한 혹이 몇 개 더 붙어 있었다. 어느 날 지나가던 나그네가 어머니한테, 물어물어 찾아왔다면서 그 혹을 잘라서 팔라고 조르더란다. 말斗을 만들거나 됫박을 파서 사용하면 부자가 된다고 했단다. 어머니는 돈보다 동티가 날까 두려웠다고 한다.

실제로 어머니가 겁날 수밖에 없는 사건이 있었다. 수십 년 전, 마을 중앙에 있는 당숙 댁 마당가에도 동구나무와 한 쌍이던 수나무 느티 거목이 있었다. 우리 집과 가까이 살던 봉록이가 어느 날 술주정하다 나무에 불을 질렀다고 한다. 그 뒤 멀쩡하던 젊은 봉록이가 폐병에 걸려 시름시름 앓다 죽었다. 그의 죽음에 흉흉한 소문이 흘러다녔는데, 목신의 저주를 받았기 때문이라는 것이었다.

우람한 느티나무가 서 있는 동구에서 우리 집을 바라보면 온갖 꽃이 만발한 꽃동산이었다. 살구나무, 복숭아나무, 자두나무, 능금나무, 앵두나무가 우거졌고, 꽃등걸도 널려 있었다. 그중에서도 산당화가 참 사랑스러웠는데, 가시가 많이 달려서 마음대로 손을 댈 수 없는 꽃가지였다.

그리고 곧게 뻗은 가지마다 밥풀이 다닥다닥 붙어 있는 것 같은 붉은 팥빛이 도는 박태기꽃이 피어 있고, 황매화는 마당에서 담까지 이르는 언덕에 덤불처럼 번성했으며, 유난히 향기가 그윽했던 찔레덤불이 연이어 있었다. 황매화 앞쪽엔 5월이면 작약이 꽃을 피웠다. 뒤뜰 언덕으로는 토담을 물리고 개나리를 심어서 뒷집과 경계로 했다. 북쪽 모서리에 있는 밤나무는 6월 흰 꽃이 피면 향기가 짙어 꿀벌들이 몰려들었고, 가을이면 아침마다 일밤을 흰 소쿠리씩 주웠다.

750여 평의 집터를 감싸고 있던 붉은 토담. 세월의 흔적만큼이나 비바람에 쓸리고 할퀴어서 흙살이 패여 나간 그 운치를 나는 참 좋아했지만 속으로는 원망도 했다. 나라를 구하는 독립운동보다 가족을 돌보는 것이 더 중요하다고 아버지를 설득해 만주나 상해 같은 곳으로 떠나지 말라고 붙들지 그랬느냐고 담장을 향해 두런거리기도 했었다. 그러나 우리 가문의 온갖 영욕의 자취를 지켜보았을 터인데 짱짱히 버티며 지켜주는 것이 장하고 고마웠다.

한편, 안마당에서 제일 동쪽 구석에는 내가 제일 싫어하기도 하고 가기를 꺼리던 뒷간과 잿간이 붙어 있었다.

지금 생각해 보면 그곳은 우리 집 뒤란의 정화공간이기도 했다. 하지만 그 앞쪽에 두둑을 일구어 상추, 토마토, 오이, 가지, 참외를 키웠다. 보리밥이 먹기 싫을 땐 뒤곁에 있는 가시뽕나무 오디와 토마토, 참외로 허기를 달랬다. 이렇게 살구, 복숭아, 자두를 따먹다 보면 쌀밥을 먹을 수 있는 가을이 왔다.

우리 집 지붕은 초가였고, 대문은 서쪽으로 치우쳐 있었다. 대문 안으로 들어서면 왼쪽에 김 서방이 기거하는 방이 있고, 오른쪽은 동네 마실꾼들의 방이 마주 보고 있었다. 그 뒤로 남자 손님들이 머무는 사랑도 따로 있었다. 그 사랑채를 드나드는 사람들은 대부분 우리 일가에서 머슴살이를 하는 이들이었다. 어머니는 겨울이면 살짝 언 동치미와 삶은 고구마를 사랑에 들여 보내곤 하셨다.

안채는 일자형으로 연결된 나무광으로부터 부엌, 안방, 안방 마루, 대청, 대청마루, 건넌방, 건넌방 마루, 건넌방 누마루, 골방, 건넌방 툇마루 이렇게 방 남쪽으로 각각 마루가 놓여 있는 독립된 공간이 열 칸이었다. 안방은 길이가 매우 길고 넓이도 꽤 넓었던 것으로 보아 지금으로 치면 열 평가량 됐던 듯싶다. 여름이 되면 대청 격자문 네

짝은 걸쇠로 천장에 올려붙여 걸어놓고 뒷문을 열어젖히면 바람이 시원하게 들락거렸다. 당시 우리 동네는 물론이고 이웃 동네에도 그런 집은 드물었다. 아마도 서울에서 활동하셨던 아버지의 안목이었을 것이다.

안방 뒷문을 열고 장독대를 내다보면 수많은 풀꽃 속에서 혹은 자두나무 그늘에서 아버지의 그림자가 어른거렸다. 아버지가 손수 가꾸어 놓은 우리 집 뒤란은 아버지를 그리워할 수 있는 유일한 곳이기도 했다. 아버지 그림자도 보지 못한 유복녀인 내가 아버지를 더듬어 볼 수 있는 정겨운 언덕이었다. 그 언덕은 은은한 정령들이 나를 어루만져 주는 것처럼 편안하고 아늑했다.

대청에서 두 계단쯤 높은 건넌방 남쪽 마루는 누마루다. 누마루에 올라서서 담장 밖을 넘어다볼 수 있고, 동구나무 아래로 드나드는 외지 손님들도 더러 볼 수 있어 좋았다. 또 큰어머니 댁 참나무 숲속으로 뚫린 원텡이 고개를 바라보며 그 너머 세계를 동경하기도 했다. 언니들도 누마루에 앉아 수를 놓거나 잔바느질도 했다. 내가 여름날 부채질하며 뒹굴던 공간이었다.

건넌방 서쪽에 있는 마루는 보통 쪽마루보다 조금 넓은

툇마루였다. 거기 앉으면 왜 그런지 옛날과 만나는 것 같아 얼굴도 모르는 친할머니가 생각났고, 그래서 자주 그곳에 앉아 있곤 했다. 군불을 지피면 골방 곁 굴뚝에서 연기가 나오며 하늘로 사라지는 것을 지켜보았다. 연기의 꼬리를 물고 생각의 갈피가 저녁 어스름을 맞곤 했다.

또 마루 바로 앞에 있는 황매화 가지 덤불에 엮어 놓은 뱁새 둥지 속에서 하루가 다르게 자라나고 있는 새끼들의 성장과정을 지켜보았다. 손톱만 한 알이 보고 싶어 알을 품고 있는 뱁새를 날려 보내고 들여다보고 만져보기도 하며 옥색 알을 은밀하게 살펴보았다. 알이 새가 되어 하늘을 나는데, 나는 커서 어디까지 날 수 있을까.

어느 여름날이었다. 김 서방이 긴 대나무 장대를 들고 내게 소리를 질렀다.

"야, 굴점아, 너 밖으로 나갔다 와라."

'굴점이'는 내 어릴 적 별명이다. 굴 같은 코를 하도 많이 훌쩍거린다고 해서 붙여졌다. 추녀 끝을 쳐다보니 커다란 능구렁이 한 마리가 느릿느릿 추녀 끝을 타고 있었다. 우리 식구들은 구렁이가 땅바닥에 떨어질까 봐 장대를 들고 잘 기어갈 수 있도록 다리를 놓아 주었다. 그 녀석은 다시 지붕 속으로 스며들어 갔다. 어머니와 언니들 말로는 그 구렁이는 우리 집을 지켜 주는 수호신이며, '업' 이라고 했다. 그날 왠지 음울하고 공포에 휩싸였던 기억이 지금까지도 생생하다.

그런데 바로 아랫집에서 살던 사촌오빠는 무슨 억하심정으로 그 일을 감행했을까? 우리 바깥마당 낮은 언덕에는 기묘하게 생긴 배롱나무가 있었다. 내가 태어나기 전부터 아버지가 귀히 여기던 나무였다고 한다. 마치 가부좌를 틀고 앉아 있는 것 같은 형상이었다. 원 둥지가 두 아름쯤 되었고, 위로 키를 세운 것이 아니라 옆으로 납작하게 펴지며 가지끼리 서로 꼬이고 틀어져, 목피가 맞닿은 자리는 붙어서 울퉁불퉁하기도 하고 방석처럼 판판해서 언니들은 거기 앉아 소꿉장난을 하곤 했다. 동네 친구들이 부러워해서 의기양양했었다고 한다.

옆으로 누워 있는 큰 가지 둥치에 어느 날 그네가 매어 있었다. 언니들이 나를 태워 밀어 주기도 했다. 그 배롱나무의 가장 특징은 큰 혹, 작은 혹이 밑동에 많이 달려 있고 밑동에서 조금 올라와 아주 큰 구멍이 뚫린 혹이 최고였나. 이 나무가 언제부터 그 자리에 있게 되었는지는 알 수 없지만, 어려서 철이 없을 때였는데도 나는 그 배롱나무를 우리 집이 흥했던 시절의 기품을 절대적으로 유지시켜 주는 신기한 재물로 여겼다.

그런데 고등학교 1학년 여름방학에 서울에서 집에 내려갔을 때 그 배롱나무가 없어진 사실을 알게 되었다.

"어머니, 배롱나무가 왜 없어졌어요?"

"어느 날 들에서 일을 하고 오니 희갑이가 싹뚝 베어 버렸더라."

희갑이는 아랫집에 사는 사촌오빠다.

"그 나무가 생긴 것도 그렇지만 보통 나무가 아닌 것이, 너희 아버지가 지독히 자랑스럽게 여기던 나무였다. 어느 해인가 일본인이 찾아와서 아버지에게 논 다섯 마지기와 바꾸자고 했는데, 아버지는 그 일본 사람에게 호통을 쳐서 돌려보냈을 만큼 보배와 같은 나무였어."

지금 그 사촌오빠가 살아 있다면 베어 버린 이유를 물어보기라도 하련만, 이미 고인이다. 그 나무가 사라진 지 반세기 하고도 두 해가 흘렀는데도 아까운 생각이 지워지지 않는다. 나는 여행하면서도 그처럼 기기묘묘한 배롱나무를 본 적이 없다. 돈으로 칠 수 없는 그 배롱나무, 이렇게

라도 쓰고 나니 속에 품어 왔던 안타까움을 조금이나마 풀 수 있을 것 같다.

재작년에 조상님 산소 문제로 고향을 다녀왔다. 언니가 동네에서 처음으로 택시 타고 서울로 시집가던 붉은 황톳길이 말끔히 포장되어 있었다. 구렁고개 산마루에 누워 계시던 어머니를 훠얼훠얼 해탈시켜 드리고 나니 그 자리가 바로 어머니 생전에 뭉칫뭉칫 콩밭 매던 오리나무 숲이었다.

집으로 돌아오기 전 우리 집터를 멀리서 바라보았다. 그 아름답던 뜨락도, 담장 밖 감나무집 행랑채도 온데간데없었다. 다만 뜨락에 가득했던 행복한 유년의 초록 색채가 굴뚝 연기의 꼬리를 물던 생각들처럼 뭉게뭉게 피어오를 뿐이었다.

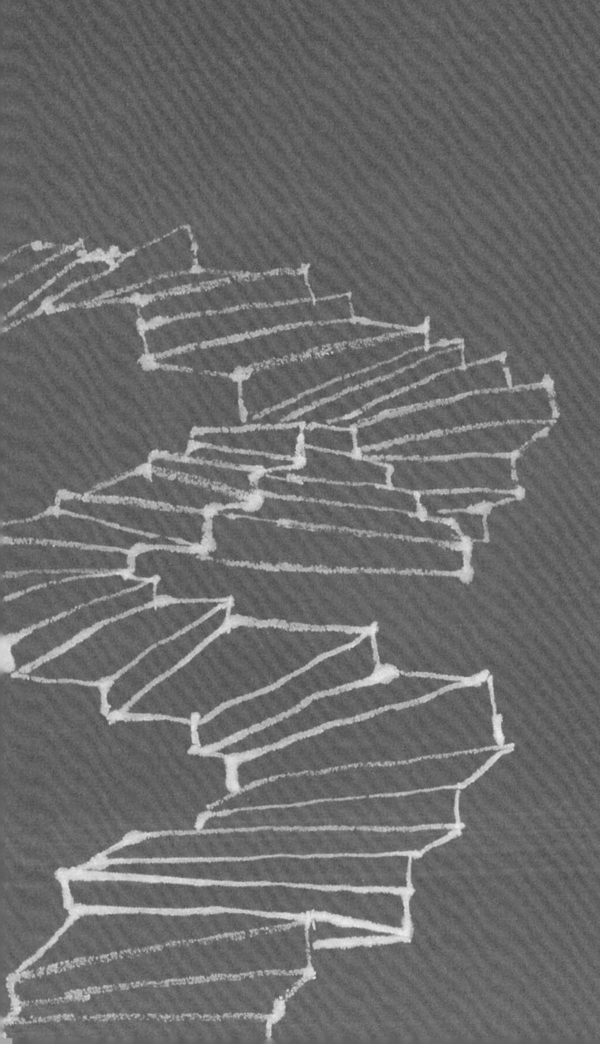

4.
어느 오전의 발칙한 상상

소통과 교감
가을 문턱으로 들어서다
소록도의 눈물
다 좋을 수는 없지만
개성 길보다 먼 마음 길
해무의 공중부양
허튼소리
나도 소중해
국밥 한 그릇이라도 사먹일 걸
어느 오전의 발칙한 상상

소통과 교감

대공원 정문을 통과한 승용차는 주차장을 지나 여전히 달려갔다. 가도 가도 끝이 없어 놀라워하자, 아들은 이곳이 미술관으로 통하는 길이라고 했다.

삼림 속 오솔길로 접어들어 깊이 들어갔다. 가차없이 깎여 나가는 도시의 자연을 생각하면 이곳은 그야말로 자연을 제대로 느끼고 누리는 곳이었다.

"와! 멋져요. 나무 터널이 계속 되네요. 정말 좋아요. 또 오고 싶어요."

옆에 앉은 손자가 환호성을 질렀다. 다섯 살 된 녀석의 풍부한 감성이 기특하기만 했다.

미술관 마당에는 사람들이 꼬리에 꼬리를 물고 있었다. 안내원을 따라 돔형의 건물 안으로 들어갔다. 아직 조명이 켜지지 않아 어두컴컴했다. 우리 가족은 수조 가장 가까이 맨 앞자리에 앉았다. 드디어 조명이 환하게 켜지면서 팡파르가 울렸다. 지휘봉을 든 조련사와 물개 두 마리가 등장했다.

조련사의 구령에 맞춰 돌고래가 앞지느러미를 바짝 쳐들고 관객들을 향해 까욱까욱 소리를 냈다. 인사를 하는 것이라고 했다. 코앞의 덩치 큰 물개를 보며 어찌나 신기하던지 손바닥이 얼얼하도록 손뼉을 쳤다. 손자 손녀도 신이 났다.

돌고래는 꼬리지느러미를 바닥에 붙인 채 수직으로 서서 앞지느러미로 박수를 치더니 우아하게 율동을 해 보이기도 하고 조련사 뒤로 살금살금 다가가 똥침을 놓기도 했다. 너무 신기하여 관객들은 와 하며 또 손뼉을 쳤다.

관객들의 호응에 신이 난 돌고래는 요즘 유행하는 춤을 추기도 하고 공 높이 던지기, 후프 통과하기, 높이 점핑하기, 이중 구조물에 꽂힌 태극기 뽑아 오기, 다시 올라가 꽂기 등 묘기를 보여 주었다. 태극기를 흔들며 박수를 유도

할 때는 모두 고무되어서 소리를 질렀다.

서막 때 소나타 배경음이 깔리며 인어 복장을 한 여자 조련사를 등에 태운 돌고래가 등장했다. 둘은 서서히 잠수를 하다가 감쪽같이 사라졌다. 음악은 어느새 격정적으로 바뀌고, 관객들의 흥분은 고조되었다. 잠시 뒤 반대편에서 그들이 나타났다. 돌고래는 요염한 포즈로 박수를 유도했다. 관객들의 뜨거운 박수 소리가 이어졌다.

그 순간, 돌고래는 인어가 된 여자 조련사를 제 등에서 공중으로 내던졌다. 관객들의 놀라는 소리가 쇼장을 무너뜨릴 것 같았으나 어느새 돌고래 등에 조련사가 사뿐 내려앉았다.

그들을 볼 수 있는 또렷한 경계에 나는 감사했다. 돌고래와 물개와 조련사는 종속이거나 굴종의 관계가 아니었다. 하모니를 이룬 그들은 단지 웃음을 주기 위한 쇼의 대상이 아니라 진정한 교감을 나누고 있었다.

가을 문턱으로 들어서다

첨단문명이 배설해 놓은 오염을 덕지덕지 뒤집어쓴 산하. 그 산하는 늘 고단하며 멀고 어둑하였다. 희부연 연무에 시달리는 시야는 쾌청한 빛으로 들어가기를 바라지만 빛은 더 먼 곳으로 달아나곤 했다.

그러나 막 가을에 당도한 절후는 차츰 습도를 거두어 가고, 끈적끈적한 운무 입자를 걷어간다. 그리하여 쪽빛 하늘이 열리고 선명한 구름이 가볍게 흘러간다. 이런 날, 아파트라는 평면을 밟고 걸으며 누워 잠자고 배설까지도 거침없이 하고 사는 사람들은 자연을 사모했던 만큼 눈과 마음이 그곳으로 설음을 내딛는다.

그다지 높지 않은 둥글고 순한 산세의 울림이 점점 깊어지며 엄숙해지는 보광사 가는 길은 본래의 산을 깎아내리지 않아 태초의 정취가 살아 있다. 소나무와 잡목이 빽빽한 구불구불 소롯길 차도로 늙은 칡넝쿨이 덤벼들었다. 싱그럽고 비릿한 풀, 나무의 냄새가 진동한다. 숲에서 들리는 생명체들의 초롱한 음률이 잦아들고 맑은 물소리가 쉼없다.

십수 년 전 여러 도반과 함께 왔던 기억이 있지만, 도량의 연혁에 대해선 알지 못했다. 대웅전에 들기 전 안내판을 읽어 본다. 조계종 봉선사 말사로 임진왜란 때 불탔으나 영조 6년 생모인 숙빈 최씨의 명복을 빌기 위해 복원되었다고 한다. 그래서인지 왕실 원찰로 표시되는 영조 친필의 '大雄寶殿'이 걸려 있다.

대웅전 앞마당엔 조상의 명복을 비는 연등이 바람결에 출렁거리고 있었다. 대웅보전 옆문으로 들어가 각 단마다 삼배三拜를 했다. 내 뒤에서 새순 같은 손자 손녀가 나를 따라 합장을 하고 상단을 향해 절을 했다. 눈물이 핑 돌았다.

대웅전 외벽, 둔박한 나뭇결이 뚜렷이 살아 있고, 그 위에 그려진 불화의 채색이 오랜 역사를 말해 주듯 은은하고 헐거우며 순수했다. 전각마다 단청이 덧칠되지 않고 옛 그대로여서 고색창연하다는 말이 옳다. 웅장하지 않고 아담하고 소박해서 정겨운 도량이, 옛 고향집 뜨락에 서 있는 듯 훈훈했다.

도량 안 별채 '도솔천' 이란 찻집에 들어섰다. 세속에서 멀리 떨어진 산중이며 사찰 부속 건물이라는 특성 때문인지 명상 음악이 조용히 흘렀다. 시정의 어두침침한 카페보다 해맑고 군더더기 없이 온화한 불화 몇 점이 장식의 전부였다. 부드러운 산세가 아늑하게 품어안은 대웅전이 통유리창으로 바싹 다가앉는다. 분홍색 오미자차 한 잔을 앞에 두고 그 향기와 맛과 색깔을 음미한다. 이것은 나의 삶에 새로운 향기와 맛과 색이 아닌 '빛' 을 부여했다.

나는 어떤 인생을 살아냈는가, 있는 것들을 얼마간이라도 베풀었는가, 말 한마디라도 겸손했던가, 타인을 위해 봉사한 적이 있는가, 지난 시간을 되돌아보는 것으로 나를 낮추어 마음도 정갈하게 가라앉혔다. 오늘 이 성찰의 기회는 값진 것이었다.

선유도를 거닐며

그곳은 젊은 날 내 삶의 언저리였다. 물살은 여전한데 나날이 달라져 가는 주변 경관이다. 한강을 내려보며 살던 흑석동 산 1번지. 그곳에서 청춘을 보낸 나는 한강 인도교를 걸어서 오전에서 오후로 하루를 옮겨 갔다. 그곳의 물살은 아직도 낯익은데, 저물어 가는 것은 세월뿐이 아닌가.

잔잔하던 마음의 물살이 한없이 가팔라질 때 나는 지금도 가끔 남편의 도움으로 그곳을 찾아간다. 대중교통의 불편을 덜어주어서 좋고, 가는 동안 말동무가 있어 심심하지 않다.

섬 동쪽 문에는 작은 경비초소가 있고 차량 진입을 막는 바리케이드가 가로놓여 있다. 경비원의 엄숙한 표정은 사뭇 위압감을 주기도 하지만, 몇 발 더 들어가면 바깥의 소란함과는 대조적인 적요감이 가득해 곧 평안함에 둘러싸인다.

방제가 잘 된 나무에 벌레가 없어서인지 새소리가 입혀지지 않아 조금은 아쉽지만, 목제 수조에는 색색의 수련이 수줍은 얼굴을 내밀며 내방객을 맞는다. 계단식 수조에서는 수다스럽지 않은 물소리가 부드럽고, 그 물소리에 들떴던 마음이 차분하게 가라앉는다.

섬 서쪽으로 천천히 걷다 보면 카페가 보인다. 조립식 이층 건물은 호기심을 자극하지는 않지만 어느덧 카페의 문으로 들어선다. 아쉽게 한쪽 벽은 창이 없어 노량진이나 흑석동은 보이지 않는다. 저 멀리 한강을 가로지른 양화대교, 철교, 성산대교가 훤히 바라다보인다.

마음에 드는 자리에 앉아 강 너머 희미한 북한산을 바라본다. 흐르는 강물을 내려다보며 향기로운 커피에 묻어오는 여유를 즐기다 보면 종종거리며 달려온 인생이 별게 아니구나 싶다. 가슴속 해묵은 티끌을 강물에 훌훌 털어

버리고 앉아 있는 동안 내 안을 떠돌던 공허한 메아리는 어느덧 조금씩 사라져 간다. 언젠가 오늘처럼 이렇게 앉아 있을 때 생각지도 못한 케이크 한 조각을 대접받아 윤기 도는 삶의 의미를 맛보기도 했다.

이곳저곳 거닐다 보니 성산대교가 가까워진다. 아마도 홍수 때 떠내려왔을까, 가로누운 아름드리 버드나무에 앉아 본다. 수령이 족히 백 년은 되어 보이는 이 나무에 비하면 나는 얼마나 보잘것없는 것인가. 발 아래로 햇살 받은 물결이 빛나고 강변북로 주변 야산이 유난히 봉긋하다. 아니, 저것은 야산이 아니다. 한때 쓰레기로 산을 이루었던 난지도. 그곳이 저처럼 아름답게 다가올 줄이야.

쓰레기 매립장이었던 저곳은 가까이 사는 주민들의 골칫거리였다. 방대한 쓰레기더미에서 펄럭이는 비닐조각들을 나도 자주 목격했다. 마파람이라도 불어올 때면 악취에 손은 자동으로 코를 잡고 있었다. 그 혐오의 장소가 저런 아름다운 장소로 바뀌다니. 그리고 그곳에서 월드컵 축구경기가 열렸다니. 그 경기에서 우리는 세계 4강의 신화를 이루지 않았던가. 이제 악취라는 말은 사라진 지 오래다. 사계절 향기가 날리고 그 향기를 따라온 새들이

지저귀고 있다.

몇 시간 전 나를 반겨 주었던 수련을 한 번 더 보고 싶은 생각에 다시 섬 동쪽으로 되돌아 걷기로 한다. 비포장 길에 깔아놓은 굵은 모래가 발밑에서 자박거린다. 묘한 쾌감을 불러일으키는 그 소리가 리듬을 타고 온몸으로 전달된다.

느림의 미학에 취해 보는 길. 지나온 길을 되돌아본다는 것은 고통스러웠던 삶을 기억한다기보다는 그중 가장 그립고 가장 행복했던 순간들을 떠올리는 것이라는 것, 또한 부끄러웠던 것을 돌아보는 반성의 시간임을 안다.

다 좋을 수는 없지만

홀로 광주행 버스를 탔다. 일행이 있었다면 그렇게 적적하지는 않을 테지만, 혼자만의 오붓한 여행을 즐기리라 마음먹었다.

새끼 새가 여러 번 시도 끝에 처음 날기에 성공한 것처럼 기대감이 뽀얀 솜털처럼 부풀어 올랐다. 저 멀리 능선이 스쳐 지나가고 들녘의 기름진 물결이 흐뭇했다. 아직 30도를 웃도는 무더위지만, 하늘은 높고 햇살은 칼칼한 게 곧 가을이 오고 있음이었다. 스모그가 커튼을 둘러친 듯한 하늘에서 흰 구름을 보기란 쉽지 않은데 그날은 달랐다. 목화송이를 닮은 구름이 뭉글뭉글 피어올랐다.

동행이 없으니 신경 쓸 것도 없어 휴게소마다 내렸다. 입이 궁금하면 커피를 마셨고 여행의 정취를 마음껏 누렸다. 옆자리에 누군가 있었다면 할 얘기도 많았겠지만, 홀로 떠나는 여행은 대신 여유로움이 있었다. 들떴던 기분도 가라앉았다. 드디어 광주 터미널. 기다리던 친구들과 만나 함께 소쇄원 가는 버스를 탔다. 입구부터 울울창창한 대나무와 계곡물 소리가 더위를 식혀 주었다.

소쇄원은 조선 중종 때 조광조의 애제자인 양산보가 스승을 위로하기 위해 세운 조선조 최고의 민간 정원이다. 긴 담장 옆으로 흐르는 계곡물과 배롱나무, 살구나무, 치자나무 등 오래된 수목이 절묘한 조화를 이루고 있었다. 수백 년 전에도 이 모습 그대로였을까. 몇 세기를 지난 지금 들여다보아도 그 시절 선비의 절개가 꼿꼿한 대나무로 빛나고 있었다.

금강산도 식후경이라 했으니 먹거리가 빠지면 여행의 흥미가 반감되는 법. 인터넷 검색으로 미리 점찍어 둔 맛집으로 향했다. 담양 떡갈비로 유명한 식당이었다. 떡갈비와 대통밥 그리고 추어탕을 주문했다.

마침 시장기가 정점에 다다랐던 터라 우리는 미리 내놓

은 반찬에 약속이나 한 듯 젓가락을 댔다. 밥이 나오기 전에 반찬이 없어지자 음식점 여인은 기분이 상한 듯했다. 재차 가져온 반찬을 손짓으로 여기 놓아라 저기 놓아라 명령하듯 했다. 주객이 전도된 듯 그가 손님이고 우리가 종업원이 된 것이었다.

"로마에 가면 로마법을 따라야지."

친구의 말을 그 여인이 알아들었는지는 모르지만 아무튼 기분은 좋지 않았다. 우리는 각자 밥그릇에 푸념을 담아 꾹꾹 씹어 삼켰다. 종업원들의 소양교육도 필요하고 손님의 예의도 필요하다는 생각이 밥을 먹는 내내 머릿속을 떠나지 않았다.

'다 좋을 수는 없지.' 그렇게 생각하기로 했다. 하지만 뭔가 부족한 듯한 아쉬움이 남는 그날의 여행은 여러 가지를 생각하게 한 소중한 기회였다.

개성 길보다 먼 마음 길

출발지인 도라산역에 제일 먼저 도착했다. 사위를 분간하기 어려웠지만, 여명에 막 잠을 깬 새소리와 물소리가 점점 가까이 들려왔다. 어디선가 커피향이 난다 싶더니 희미한 불빛에 사물이 어렴풋이 드러났다. 개성으로 향하는 관광객을 상대로 매일 두 시간만 운영한다는 노점 호롱불 주변으로 사람들이 하나둘 모여들었다. 그들은 커피를 마시며 들뜬 기분을 가라앉혔다.

통관 검색대를 거쳐야만 북으로 갈 수 있다. 왜소한 군인 앞에 짐을 풀어 보였다. 생수 네 병, 안약, 휴지, 립스틱이 전부인 내 짐을 살펴보던 그가 물었다.

"북쪽엔 물이 없을까 봐 이렇게 많이 가지고 갑네까? 이건 뭐이네?"

"약국에서 흔히 살 수 있는 안약입니다."

"그래, 눈약."

내가 안약이라고 두 번이나 고쳐 말하고, 그는 눈약이라고 두 번이나 강조하는 사이 '눈'과 '안'이 같은 뜻이라는 것을 깨달은 나는 긴장감에도 깔깔 웃고 말았다. 그도 웃음이 나는지 큭큭거렸다. 60년이나 단절되었던 언어문화의 걸림이었으나, 그런 것은 큰 문제가 되지 않았다.

차에 오르자 아까와는 다른 뭔지 모를 불안감이 스며들기 시작했다. 그러나 기대감 또한 충만해서 그 기운이 차츰 불안을 걷어내고 있었다. 운전기사는 현대 직원, 앞자리와 뒷자리에 평복차림의 안내원이 한 명씩 따라붙었다. 앞쪽의 안내원은 지나치는 북측 지역을 설명해 주었고, 뒤쪽 안내원은 승객들을 살폈다. 그는 남편 옆자리에 앉아 악수를 청했다.

"선생님은 기업하시는 분 같습네다."

"예, 조그만 생산 공장을 운영합니다."

"남쪽은 노동자 임금이 높은 것으로 아는데 개성으로

오시라요. 남쪽에서 한 사람 쓸 돈으로 개성에서는 스물 다섯 명을 거느릴 수 있습네다."

'거느릴 수 있다'는 그의 발언은 자본주의 경제 원리를 추구하고 있다는 것으로 받아들여졌다. 남편은 북쪽에서는 큰돈일 수 있지만 남쪽은 물가가 높고, 문화생활에 비중을 두다 보니 노동자들도 그리 넉넉한 편이 아니라고 답변했다. 안내원이 옆에 앉아 있다는 게 신기하고 두근거리기도 해서 나도 이것저것 질문을 던지며 대화를 이어 나갔다.

"저 밭에 있는 빈 옥수숫대는 누가 땔감으로 쓰나요? 그리고 알곡은 누가 가져요?"

"협동농장으로 지정되지 않은 곳은 가까운 농가에서 개인적으로 농사를 지을 수 있고 거두어 가질 수 있습네다."

그는 당연한 것을 묻는다는 것처럼 별 감정 없이 대답해 주었다. 얘기를 나누는 동안 풍경들이 차창으로 휙휙 지나쳤다.

"여기서부터 평양-개성 간 고속도로입니다."

안내 멘트가 이어졌다. 내가 아는 고속도로와는 판이했다. 제대로 손길이 닿지 않은 도로변은 잡초들이 무성해서 보기가 안 좋았다. 정성들여 꽃길로 단장해 놓은 우리 고속도로와 비교가 되었다. 스쳐 지나는 산들은 헐벗은 채 벌거벗고 있는 것처럼 역할을 포기한 휴면 상태와 같았다.

차도에서 그리 멀지 않은 논둑과 밭둑에는 북한 당국에서 파견된 듯한 군인들이 뒷짐을 진 채 어슬렁거렸다. 우리 관광객들의 경범을 저지하려는 듯하나 전의는 보이지 않았다. 내 가족이나 친척이 살고 있지는 않지만 그곳은 그리운 산천, 막연한 그리움은 실향민이 고향을 그리워하는 마음과 같았다. 박연폭포나 선죽교 등 유적지를 보려고 온 게 아니었기에, 창밖 지나치는 마을의 작은 숨소리마저 놓치지 않으려고 시선을 집중했다.

내가 보고 싶은 것은 그들의 사는 모습, 그들의 일상이었다. 산자락 아래 민가가 드문드문 눈에 들어왔으나 울밖에 얼씬하는 사람이 없었다. 그것은 고즈넉하다든가 고요하다는 것과는 다른 것이어서 정말 사람이 살고 있는지조차 알 수 없었다.

김장철을 앞둔 이때쯤이면 배추나 무 등 지천으로 널린 게 채소 아닌가. 그러나 어디를 봐도 그런 풍경은 없고 한가로이 풀을 뜯는 가축도 보이지 않았다.

"이곳은 박연폭포입니다. 질서 있게 잘 보고 오시라요."

불타는 듯한 아름다운 단풍에 비해 폭이 좁은 폭포의 물살은 낙차가 심하지 않아 폭포라는 느낌을 주기에는 좀 부족했다. 그러나 북녘 땅을 밟아 본다는 감회에 숙연해졌다. 가판대에서 1달러 하는 커피를 한 잔 사서 안내원에게 권했다. 그는 곁에 있는 두 명의 안내원에게도 사줄 것을 요청했다. 그들에게 다시 커피를 권하면서 그중 한 사람에게 '인물이 좋다' 는 인사말을 건넸더니 기분이 좋은 듯 적당히 웃으며 고맙다고 답해 주었다.

이번이 처음이자 마지막 만남이라는 것을 알기에 서로 진정성이 느껴졌다. 찬찬히 훑어보니 그들의 이목구비는 우리와 똑같은 동족이었다. 그들과 함께 있고 싶어 커피를 더 권해 보았지만, 그들은 이내 오바마의 정책에 대해 열변을 토하는 다른 관광객 쪽으로 자리를 옮겼다. 다른 안내원들도 그 사람의 말에 귀를 기울이는 듯 그쪽으로 걸음을 옮겼다.

민속여관 거리의 한옥에서 점심을 먹은 뒤 정몽주 생가인 숭양서원을 관람했다. 은행잎이 수북이 쌓인 인도 쪽으로 막 한 걸음 내딛는데 낯선 음성이 가로막았다.

"아주머니, 여기는 갈 수 없습네다."

사복 경비원의 음성은 예의바르지만 단호했다. 신발이 푹 잠길 만큼 낙엽 쌓인 그 길은 어느 모로 보나 훌륭한 산책길, 그러나 이곳이 내가 사는 그곳과는 다른 곳임을 나는 잊고 있었다.

첫 번째 통제라는 점에서 나는 머쓱해졌다. 뭔가 부자유스러운 것이 바로 이런 것이구나 싶어 뒷목이 서늘했다. 내 마음을 눈치챘는지 경비원은 고려박물관의 은행나무길을 권했다. 그의 말대로 찾아간 고려조 왕건의 궁터에는 용광로에서 방금 꺼낸 듯한 황금빛 낙엽이 가득했다.

아쉬움이 남는 개성 관광을 마치고 돌아오면서 뭔가 색다른 것이 있을까 하고 둘러보았다. 사람들이 살지 않는 듯 건물들은 온기가 느껴지지 않았고 음산하기까지 했다. 낡은 유리창에 '닭곰탕집' '결혼사진관' '식료품가게' 등 평면적이고 키 낮은 간판이 먼 시절로 데려다 놓은 듯했다.

마침 개성공단에서 퇴근하는 사람들을 볼 수 있었는데 대부분 자전거를 타고 있었다. 그것이 내가 본 것 중에서 가장 활기차 보인 장면이었다. 공단 건물은 남쪽 어느 신도시에 온 듯 환하고 화려했다. 큰길 가 초등학교에서 어린 학생들을 보았다. 동심은 이념과는 달리 남이나 북이나 같아 보였다. 저녁때였는데도 학교 운동장에는 어린 학생들이 씩씩하게 뛰어놀고 있었다.

어느덧 노을이 물들고 있었다. 하늘도 땅도 하나, 그러나 인간이 그어 놓은 경계만이 하나의 땅을 나누고 사람을 나누고 이념으로 대립하고 있었다.

"여기서부터는 남측 지역입네다."

안내원의 말에 차창 밖을 내다보았다. 푸르게 두런거리는 산, 가을 알곡들이 풍요롭게 물결치고 있었다. 그런데 북쪽에서는 전혀 볼 수 없었던 송수신탑이 남측 경계로 들어서자마자 즐비했다. 남과 북의 대조적인 풍경이 무척 충격적이었다.

옆에 있던 안내원에게 감사 표시를 하고 싶어 말을 걸었다.

"이 운동화 오늘 처음 신고 온 건데 드리고 싶습니다."

"필요없습네다."

그는 손사래를 치며 사양했다. 내 호의가 무색해지며 나는 얼굴이 붉어졌다. 값싼 동정심이 아니라 고마움의 선물을 하고 싶은 마음이었지만 어쩔 수 없었다. 그가 나의 본심을 알아주었으면 좋으련만….

해무의 공중부양

천수만의 어느 마을에서 거룻배를 타고 간월도 진외가에 간 적이 있다. 사공이 노를 젓는 동안 유난스럽게 달려드는 윤슬은 배를 전복시킬 것처럼 무서웠다. 어릴 적 그날의 공포감이 아직도 생생해서 나는 배를 타는 여행은 꺼려했다. 그렇다고 마냥 피할 수만은 없는 일, 큰마음 먹고 해상 여행을 떠나기로 했다.

흑산도와 해상공원을 순항하는 유람선을 탔다. 수평선이 저만치 아득한 망망대해, 한 점 바람도 감지되지 않은 뱃길은 안심이 되었다. 유람이 계속 순조롭기를 기도하며 갑판 선수에 섰다.

갑판에서 내려다본 바다는 우유에 푸른 잉크를 풀어놓은 듯했다. 슬몃 엄마의 젖냄새가 날 것도 같은 신비로운 빛. 모든 생명체를 품어 주고 젖줄을 대주는 빛깔이 저 자양분을 먹고 자란 생물이 온통 윤기를 입고 있겠지. 한참을 내려다보았다. 바람이 늦잠이 든 그 시각, 바다는 물비늘마저 순해서 마치 은빛을 뿌려 놓은 비단폭 같았다. 보드라운 비단 수면에 세워 놓은 신의 조각품들, 수많은 바위섬들이 정교하고 신비해서 인간세계 물상들이 시시하게 생각되었다.

내가 알고 있는 언어로는 도저히 그 아름다움을 표현할 수 없을 것 같았다. 파노라마로 이어지는 풍경을 하나라도 더 담으려는 카메라 셔터 소리가 분주했다. 선미의 유람객 몇은 영화 '타이타닉'의 장면을 연출하려는지 양팔을 벌리고 바다를 한껏 들이마시고 있었다.

멀리 해안을 마주하는 산봉우리엔 해풍의 기세에 눌려 키가 자라지 못한 나무들이 초록을 나부끼고 있었다. 휴식에 들어간 바람처럼 갈매기도 드물게 날았다. 보나마나 먹을 것이 없을 거라는 예감 때문인지 유람선 근처엔 얼씬도 하지 않고 멀리서 수직 강하를 반복할 뿐이었다.

한 시간쯤 지났을까. 갑자기 선미가 흔들리기 시작했다. 바람이 잠에서 깨어났을까. 허락도 없이 영역을 침범했다고 포세이돈의 노여움이 발동했을까. 높새바람은 파도의 포말을 갑판 위로 퍼부었다. 유람선 오른쪽 먼 바다가 검은 해무로 뒤덮이기 시작했다. 순식간에 평온함이 깨지고 유람선은 시커먼 해무에 포위되었다. 분별이 되는 것은 갑판과 선실의 유람객뿐이었다. 조금 전까지 비단폭이라고 생각했던 물결은 파도로 돌변, 바위섬 풍경이 오리무중이었다. 진한 먹빛 해무가 유람선을 포위해 버리자 순간 '저주' 라는 단어가 나를 공포 속으로 밀어넣었다.

바람은 우주를 통괄하는 첫 번째 수문장, 한없이 너그럽다가도 언제 그랬냐는 듯 성깔을 부렸다. 그런 바람에 이골이 난 갑판원들이 뛰어나와 사람들을 선실로 안내했다. 그들은 바람의 유순한 표정 뒤에 감춘 사나움을 익히 아는 터, 미리 대처를 한 듯 보였다. 선체가 기우뚱거리고 그때마다 이쪽저쪽 몰리는 사람들은 불안한 빛이 역력했다. 더럭 겁이 났지만, 두려움을 말할수록 더욱 두려워질 것 같아서 나는 냉정을 잃지 않으려고 애썼다.

삼십 분쯤 흘렀다. 신기하게도 하늘도 바다도 맑게 걷히기 시작했다. 풍경이 말끔한 제 모습을 드러냈다.

"여러분 괜찮지라. 이런 일은 용왕님이 악수를 청하는 정도랑께요. 이보다 더한 풍랑을 만나도 걱정 마시더라고라. 이 큰 배가 설마 무슨 일이 있을랍뎌."

사투리 섞인 선장의 위로에 걱정을 내려놓은 유람객들이 하나둘 갑판으로 나왔다. 약속이라도 한 듯 활어 횟감을 실은 배가 유람선 곁에 정박했다. 능숙하게 회를 뜨는 선원들의 칼질은 구경거리였다. 배에서 먹는 회는 인기가 좋았다. 유람객들은 싱싱한 바다 한 접시에 기분이 좋아졌는지 초장빛으로 화색이 돌았다.

바다는 무한한 동경의 대상이자 두려움이다. 도달할 수 없는 신비함이 그리움이 되고, 예측불허의 재앙이 공포감이 된다. 바람이 제일 먼저 와 닿는 곳, 그곳이 바다라는 걸 나는 이 여행에서 실감했다.

검은 해무가 걷힌 바다엔 만장처럼 펄럭이는 흰 해무가 바다 한가운데 누워 공중부양되고 있었다. 느리게, 느리게 치러지는 의례. 포세이돈의 심술이 인양되고 있는지도 모른다. 내 가슴속에 웅크리고 있던 저주와 공포, 혹은 우울한 영혼의 노래도 함께 들어올려졌다.

허튼소리

만만치 않은 입장료를 낸 동물원. 관람객들의 어깨가 서로 닿을 만큼 사람들로 북적거린다. 마을을 텅 비워 둔 채 학교 운동장으로 모여들었던 고향의 가을 운동회마냥 왁자하다.

동물원 울타리 실개천 둑에는 개망초, 씀바귀, 쑥부쟁이 등 봄부터 가을까지 무리지어 피는 야생화가 함빡하다. 그리고 아이가 또랑또랑 책을 읽듯 도랑물 흘러가는 맑은 소리는 번잡스러운 일상의 길목에서 묻혀 온 온갖 피로를 말끔히 씻어 준다.

연못엔 살랑거리는 수초 사이로 붉은 잉어 떼가 노닐고

있다. 누군가 던져 준 먹이를 서로 먼저 먹겠다고 달려드는 모습이 마치 거대한 회오리 같기도 하고, 곡선의 부교 같기도 하다.

몸집이 큰 놈이 대장인지 맨 앞에서 먹이를 독차지한다. 그 뒤를 따르는 놈들도 하나같이 입을 벌리고 뻐금거린다. 무리의 동작이 대단한 구경거리가 되니 사람들이 몰려든다. 저들 중 작고 힘없는 놈들은 아마 먹이 구경도 못할 것이다.

아름다운 춤사위처럼 보이는 저들 속에도 분명 먹고 먹히는 생존경쟁의 법칙은 있기 마련인가. 어찌 보면 불공평한 것이 정상적인 세상이 아닐지 모르겠다는 생각을 해본다.

이곳저곳을 둘러보는 중에 사람들이 겹겹 울타리를 친 곳이 눈에 띄었다. 까치발을 들고 고개를 빼 살핀다. 쇠창살이 보이고 그 안으로 언뜻 보이는 것은 침팬지. 바닥에 벌렁 드러누워 공을 가지고 노는 모습은 웬만한 관객은 다 겪어 봤다는 표정이다.

우리 밖에서 자신을 지켜보는 시선은 아랑곳없이 공을 머리 위로 던지거나 멀리 던지는 놀이 중이다. 녀석은 한 번도 우리 밖으로 나와 본 적이 없을 터, 저 우리 안이 제 모든 세상일 것이라 생각하니 마음 한편에 답답증이 인다. '네 고향은 어디냐?' 마음으로 묻는다.

대답이 있을 리 없다. 너도 귀중한 존재, 나도 소중한 존재. 피차 우리는 생명을 받아 태어났으니 얼마나 귀히 살아야 하는가. 그러나 녀석은 평생 쇠창살에 갇혀 있어야 할 운명이다.

"야, 이리 와. 먹을 것 줄게. 빨리 나와. 자, 먹을 거야, 먹을 거."

아이를 무동 태운 남자가 침팬지를 유혹한다. 남자의 말에 내 시선이 그의 손에 닿는다. 아이를 잡은 손에 먹을 것이 쥐여 있을 턱이 없다. 그런데도 그는 빈말로 침팬지를 부르고 있다. 정말 먹을 것을 주는 줄 안 침팬지가 창살 앞으로 날아왔다. 거구가 한달음에 날아왔다는 것이 믿기지 않았지만 먹이에 본능적으로 반응하는 동물의 욕구가 그대로 보인다. 검은 손바닥을 창살 밖으로 쑥 내밀고는 어서 먹을 것을 달라는 듯 위아래로 흔들어댄다.

그 광경이 재미난 듯 사람들이 몰려든다. 먹이가 없다는 사실에 당황한 나는 침팬지의 실망을 미리 점치고는

난감해하는데, 침팬지의 행동에 놀란 남자는 대책 없이 꽁무니를 뺀다. 아무리 장난삼아 한 말이라지만, 허언을 뱉어놓은 남자가 공연히 얄밉다. 침팬지는 어서 먹이를 내놓으라는 듯 쿵쿵 발을 구르고 쇠창살을 잡고 흔들어댔다. 표정은 점점 거칠게 바뀌었다. 저만치 사라지는 남자의 뒷모습이 보였다. 생각 같아서는 쫓아가서 따지고픈 마음이 굴뚝같다.

'침팬지에게 약속을 지키세요. 어서 먹이를 사다 주세요. 누가 댁을 그런 식으로 놀리면 좋겠어요?'

입술 안에서 속말이 나왔다.

혹시 그 남자가 먹이를 사들고 다시 오지는 않을까, 기다렸지만 그는 나타나지 않았다. 그의 빈말은 공약空約이자 허튼소리. 지키지 못할 말만 무성한 요즘 세태와 무엇이 다른가. 무동을 탄 그의 아들은 제발 아버지의 허언을 배우지 않기를 간곡히 바란다.

나도 소중해

사람들은 신의 존재 앞에서 공손히 두 손을 모은다. 난폭하거나 거칠게 굴던 손을 언제 그랬냐는 듯 얌전히 모으고 빳빳이 쳐들었던 고개를 숙인다. 고난을 극복할 힘을 간구하거나 옳지 않은 마음을 다잡게 해 달라거나 소원이 이루어지게 해 달라고 기도한다.

그 기도는 마음이 당겨 자발적으로 행하는 것이기에 문제를 일으키지 않는다. 그리하여 더욱 엄숙하고 경건해 보이기까지 한다. 길거리에서 팔을 잡아당기는 신앙인들을 여러 번 만났다. 나를 느닷없이 붙잡는 것이 불쾌했지만, 내색 않고 오히려 그녀들이 불쾌하지 않게 거절하기란 쉽지 않다.

그들은 이미 거절에는 이골이 났는지 웬만해선 포기하려 들지 않는다. 그리고 자신들의 종교를 제외한 모든 종교에 대하여 '이교' 라느니 '우상숭배' 라느니 비방을 한다. 그들의 '신' 만이 유일하다고 윽박지르듯 하는 강요가 달나라로 여행을 가는 이 시대에 가당키나 할까.

어느 날 전철에서 소란이 일었다.

"여호와 하느님을 믿으시오. 우리를 사랑하시고 모든 것을 역사하시고…."

때아닌 설교에 우렁찬 목소리가 반격을 했다.

"시끄럽소. 당신 교회당에서나 떠드시오."

일제히 쏠린 시선들도 남자의 반격에 동조하는 눈빛을 띠었다. 하고 싶은 말을 대변해 주니 속이 시원하다는 표정들이었다.

그러나 만만치 않았다. 탁구공을 되받아치듯 다시 공격이 시작되었다.

"당신은 틀림없이 하나님의 단죄를 받을 것이오."

주저 없이 내뱉는 저주가 섬뜩했다.

"저런 미친놈을 봤나. 세빌 똥인지 오줌인지 가리면서

살거라."

거리낌 없는 반격이 속사포로 불꽃을 튕겼다. 동조의 눈빛을 보내던 승객들의 표정이 일그러졌다. '똑같은 사람들, 한심한 사람들' 이라는 속마음이 얼핏 비치는가 싶더니 시선을 거두어 갔다. 아예 눈을 감아 버리는 사람도 있었다.

두 사람은 여전히 공격과 반격을 반복했다. 참다못한 또 다른 누군가의 외침이 있고 나서야 둘의 언성은 잦아들었다. 싸움도 구경꾼이 있어야 지속되는데 자기들끼리 주고받는 고성이 싫증이 날 만도 했다.

그래도 다행인 것은 전철의 이런 소란에도 각기 다른 종교 간의 언쟁은 한 번도 일어나지 않았다는 것이다. 종교 분쟁으로 내전까지 겪는 나라가 있는 걸 볼 때, 이 점을 어떻게 해석해야 할까. 그것은 우리나라 사람들이 한쪽으로 쏠리지 않는 종교관을 가졌거나 합리적인 사고를 지녔음일까.

한편 이도저도 귀찮은 무관심 때문은 아닐까. 소란에 휩쓸리고 싶지 않은 마음, 그저 목적지까지 편히 가고 싶은 마음이 우선일 것이다. 엄연히 요금을 지불한 승객으로서 자신이 제일 소중하며, 또 그만한 권리쯤은 누릴 만하지 않는가.

그렇다고 아예 침묵하거나 잠자는 척 눈을 감아 버리는 것만이 옳은 것일까. 그 무관심을 과연 합리적인 행동이라고 해야 할까. 골똘한 생각 한편에 씁쓸함이 고인다.

국밥 한 그릇이라도 사먹일 걸

서울올림픽을 앞둔 어느 여름. 언제나처럼 손바닥만 한 마당을 쓸어내고 화분대에 얹어 놓은 꽃에 물을 주었다. 매일 반복되는 집안일이 끝나기도 전에 전화가 걸려왔다. 우리 집에서 가까운 친구 집에 동창들이 몰려왔으니 빨리 오라는 것이었다.

택시를 탔다.

"기사님, 목동사거리에서 좌회전하면 얼마 되지 않습니다."

택시기사는 아무 대꾸도 하지 않고 출발했다.

"기사님, 우회전해 주세요."

친구 집은 우리 집에서 서너 마장쯤 되는 가까운 거리였다.

"에잇, 오늘 재수 더럽게 없네. 왜 이렇게 골목만 걸리는 거야?"

서비스 영업의 최일선에 있는 사람의 입에서 나오는 경악할 만한 망발이었다.

"기사님, 무슨 말씀이에요? 이 길이 골목이라니요? 10미터도 넘을 듯한데…."

그 길을 골목이라고 우기는 것은 어불성설이었다.

그런데도 택시기사의 입에선 상스러운 욕설이 마구 쏟아져 나왔다. 아니, 생전 처음 들어보는 욕설이 리드미컬하게 흩날렸다는 말이 맞을 것이다.

그 순간 어떻게 대처할 것인가 암담하고 당황스러웠다. 나까지 목소리를 높인다면 무슨 흉측한 일이 벌어질지도 모른다는 상상을 하며 심호흡을 했다. 자구책은 지혜로운 생각이 떠올라 위기를 모면할 수 있기를 기도하는 것뿐이었다.

하지만 택시기사는 뒷자리에서 앞자리로 왈칵 밀려나올 만큼 고의적으로 급브레이크를 밟았다. 용서할 수 없는 폭력 앞에서 뒷감당을 위해 참을 수밖에 없었다. 사리가 무분별한 사람에게 즉각적인 맞대응은 위험 부담이 따를 듯하고 우회적인 대응 방법을 떠올려 보았다. 고위 인맥을 동원하든가, 경찰력을 빌리든가 어떻게든 이 자를 가만두지 않으리라.

"기사님, 고의적인 난폭운전이 어떤 결과를 가져올지 잘 모르십니까?"

내 협박성 항의에도 아랑곳하지 않고 두어 번 브레이크를 더 밟았다.

"기사님, 이렇게까지 난폭운전을 하시는 것은 불법입니다. 내가 기사님을 고발할 수도 있어요."

침착하고 낮은 내 어조는 그를 안정시키기 위한 경고성 의도였으나 더 이상 그 택시를 탈 수가 없었다.

"기사님, 좀 더 가야 합니다만 여기서 내리겠습니다."

그는 역시 급브레이크를 밟으며 멈춰 섰다.

나는 이미 그를 응징할 방법을 강구했으므로 차에서 내린 다음 요금을 지불하기 전, 뒤쪽 트렁크 아래에 부착된 차대번호를 적었다. 그러고 나서 요금을 주려고 하자 그가 내 앞에 바싹 다가와 얼굴에 침을 뱉는 황당무계한 사건이 벌어졌다.

기가 막힐 일이었다. 당장에 그 자의 멱살을 움켜쥔다고 해서 '잘못했습니다' 사과할 인물이 아니라는 것을 이미 간파하고 차대번호를 기록했던 만큼 나는 성인군자인 양 개의치 않았다. 의롭지 않은 일을 당한 당사자로서 분하고 오욕스러웠으나 그런 감정 따위에 절절맬 내가 아니었다. 설령 그 상황을 곁에서 지켜보는 제삼자의 입장이었다 해도 그냥 지나칠 내가 아닌데. 후일을 도모하기 위해 한발 뒤로 물러섰을 뿐이다.

그런데도 개의치 않고 의연하게 걸어가는 내 뒷모습을 그는 한 번쯤 뒤돌아보았을까? 아차, 내가 큰 잘못을 저질렀는데 어떡하지, 걱정을 했을까? 아니었을 것 같다. 그는 아마도 자아불감증 환자였을 것이다. 온전한 정신으로 그토록 앞뒤 가릴 줄 모르는 행동을 했을 리 없다.

친구네 집으로 가면서 여러모로 궁리하는 동안 인간적으로 불쌍하다는 생각이 들었다. 세상에 사는 사람이라면 최소한이나마 인격을 갖추어야 하는 것이 마땅한데, 그것을 갖추지 못했다는 것은 사람이라는 대접을 받아보지 못한 이유가 아닐까. 그런 그를 언빈어린 가슴에 품고 보니 그로부터 받았던 불쾌감이 슬며시 가라앉았다.

나는 안경에 묻은 기사의 침을 잘 보존해서 증거물로 제시하기 위해 손이 닿지 않는 창틀 햇볕에 널었다. 내가 겪은 사건의 내막을 들은 친구들은 당장 경찰서로 가자며 흥분했다. 나름의 대책을 강구한 나는 경찰서 해당 과에 전말을 밝히며 고발은 하지 않겠으니 택시회사 전화번호를 알려 달라는 부탁을 했다. 나와 통화를 하던 경찰관은 충분히 입건시킬 수 있으니 고발을 하라고 권했지만 그럴 의도는 없다고 말했다.

택시회사 전화번호를 입수한 뒤 친구들과 농담을 주고받으며 웃고 떠들다 감정이 누그러들었을 즈음 운수회사에 전화를 걸었다. 몇 시간 전에 있었던 사건 전부를 설명하고, 어느 날이든지 그 기사와 맞대면하게 해 달라고 부탁했다. 그 회사의 책임자인 듯한 그가 내게 진심으로 사죄드린다며 사과를 했다.

넉 달쯤 뒤 추석이 곧 닥치는 어느 날 전화가 왔다.

"아주머니, 그 기사가 한 시간쯤 있으면 사무실에 꼭 들를 일이 있으니 시간 맞춰 오세요."

"예, 그렇게 하겠습니다."

다각도로 세워 두었던 의중을 펼칠 날이 온 것이다.

화곡동에서 별로 멀지 않은 망원동이 차고지여서 금방 도착할 수 있었다. 사무실 문을 열었다. 중년쯤 되는 회사 상무가 나를 정중하게 맞아 주었다.

"아주머님, 아주 젊으셨는데 이런 아량으로 여기까지 와주셔서 감사합니다."

그러고는 연신 허리를 굽혔다.

"상무님, 저도 아이를 키우는 엄마입니다. 내가 처벌을 의뢰했다면 면책받을 수 없을 게 아닙니까. 그래서 무릅쓰고 여기까지 온 뜻이 있습니다."

나는 들고 간 안경 상자를 열어서 상무에게 보였다.

"이렇게 증거물이 뚜렷한데 고발을 하지 않으시다니…."

고마운 일이라며 어쩔 줄 몰라 했다.

그로부터 한 시간쯤 뒤에 사무실 문을 열고 젊은 남자가 들어왔다.

"이봐, 이 기사, 이분이 그 아주머니시네."

기사는 놀라는 듯했으나 뉘우치는 기색도 없이 시큰둥했다.

"이 기사, 여기에 증거물까지 똑똑히 있는데 왜 그렇게 뻣뻣한가?"

묵묵부답인 그는 내게 사과할 마음이 없어 보였고 오만하기까지 했다.

여러 가지 묘책을 갖고 있는 절대 우위에 있는 나는 그의 눈을 뚫어지게 노려보았다. 그런데도 수그러들 기미가 보이지 않았다. 그렇다면 직격탄을 날릴 수밖에 없는 듯 보였다. 잠시 정적이 흘렀다. 시계 초침 소리만 재깍재깍 들렸다. 순간 나는 결사적으로 벌떡 일어섰다. 다음 조치가 격해질 것이라는 것을 짐작한 상무가, 마치 조소를 머금은 듯 무심하게 서 있는 기사에게 소리를 질렀다.

"이 기사, 아주머니가 그냥 오신 게 아니야. 확실한 증거물도 가지고 오셨어."

증거물로 가지고 간 내 안경을 그의 코앞에 들이밀었다.

그 순간 기사는 움찔했다. 심드렁하고 아니꼽다는 자세가 수그러들고 있다는 게 느껴졌을 때,

"야, 너 여기 내 앞에 무릎 꿇어."

내 날카로운 명령에 머쓱하니 어떻게 해야 할 바를 모르는 것 같았다.

"너 내 앞에 꿇어 엎드릴 용의가 없다면 저 증거물을

들고 가까운 경찰서로 가자."

존칭어를 쓰지 않고 내뱉은 내 호령에 무릎을 조금만 구부렸다.

"더 확실하게 꿇어. 팍 엎드려."

거친 내 명령에 정말 무릎을 꿇고 머리를 숙이고 등까지 납작 엎드렸다.

이것으로 내 소기의 첫 번째 목표를 이룬 셈이었다.

"여보게, 젊은이, 자네 처자식 있지?"

'너를 용서하겠다' 는 의미가 담긴 질문이었다.

"예, 있습니다."

"그것 봐. 사랑하는 가족을 위해 즐겁고 행복하게 일을 해야지. 그날처럼 막살면 되겠어?"

"예, 알겠습니다."

"이제 그만 얼굴 들고 나를 봐요."

고개를 든 그의 얼굴은 통통하고 예쁘장했다.

"이 기사, 나를 똑바로 보게. 그날 무슨 기분 나쁜 일이 있었나?"

나보다는 훨씬 나이가 적다는 판단이 섰기 때문에 마음 놓고 반말을 했다.

"집사람과 싸운 날이었어요."

어처구니없는 변명이었으나 미움보다는 측은지심이 우러났다.

내게 언어폭력을 휘두르던 자아분열증 환자이던 그 남자를 안쓰러워하다니. 내 삶 중에서 최고의 모욕감을 제공한 나쁜 남자를 기꺼이 용서한 것인가? 그랬다. 누구의 힘을 빌려서가 아니라 나 스스로 단호하게, 내 앞에 무릎을 꿇려 항복을 받았으니 통쾌했다는 것이 옳겠다. 그러나 무엇보다도 그를 만나고 싶었던 목적은 무릎을 꿇리는 것만은 아니었다. 단언컨대 좀 더 넓은 의미의 인간애적 다독거림, 그것이 꼭 필요할 것 같아서였다.

그날 내가 그 젊은이에게 장황하게 늘어놓은 말들은 자신의 존재감을 가지라는 것이었다. 그리고 사랑하는 가족을 거느리는 직업에 긍지를 갖고, 곧 올림픽이 열리는 국가의 일등 국민이라는 자긍심을 갖자는 것이었다. 그렇게 되면 사랑하는 가족들도 당신을 존경하며 따를 것이 아니겠느냐는 것이었다.

감색 상의를 걸친 그가 사무실을 나서는 내 뒤를 말없이 따랐다. 그렇게 몇 걸음 뒤따르다 내 팔을 부여잡았다.

"누님, 누님이라고 부르고 싶어요. 정말 고맙습니다. 평생 누님의 말씀을 잊지 않고 살겠습니다."

이 말을 하기 위해 용기를 냈을 그에게 '내가 왜 네 누님이냐' 고 쏘아붙일 수가 없었다. 지금 돌이켜보면 그때 따뜻한 국밥 한 그릇이라도 사먹일 걸 하는 아쉬움이 남는다.

어느 오전의 발칙한 상상

어느 이른 봄날이었다. 주중에 이날만큼은 부지런을 떠는 날이다. 십수 년 동안 갈피갈피 보관하고 있던 옷장 속 외출복을 최대한 이용해 나름 단정하게 차려입고 나간다. 나를 가꾸고 꾸민다는 것이 번거롭긴 하지만 열정을 다해 강의하시는 교수님께나 동료 문우들에게 예의를 갖추는 것이라 여겨져서이다.

그날도 두 시간이나 걸리는 거리를 염두에 두고 일찌감치 서둘러 준비했다. 얼마 전에 새로 장만한 모직 바지에 20년이나 묵은 재킷을 매끈하게 다려 입고, 굽 높은 황토색 구두를 신고 거울 앞에서 여러 번 점검을 끝낸 뒤 지하철역으로 향했다.

3호선 화정에서 타고 가다 수서역에서 분당선으로 갈아탄다. 죽전까지 가노라면 두 시간이 걸리지만 지루하지 않다. 책을 읽을 수 있어서 유익하고, 잠시 후 교수님의 열강을 들을 수 있다는 기대감이 나를 들뜨게 하고 행복하게 한다.

이날 화정역에서 두 정거장을 갔을 때, 단정하게 유니폼을 차려입은 스튜어디스가 탔다. 소형 캐리어를 끌고 차내로 들어서는 그에게서 빛이 났다. 유니폼도 참신했다. 목에 두른 머플러가 비행기 날개처럼 보였고, 얼굴도 지성미가 꽉 찬 미인이었다. 하도 빼어나서 슬쩍슬쩍 곁눈질을 하며 엉뚱하게도 내 딸과 비교해 보기도 했다.

두어 정거장을 지났을 때, 그와 내가 나란히 서 있는 앞자리가 비게 되었다. 다른 날 같으면 으레 내가 앉았겠지만 그에게 양보하고 싶었다. 딸처럼 여겨져서 피곤을 덜어주고 싶었다.

그는 나이 많은 내가 앉을 거라는 생각을 했을 것이나, "나는 괜찮으니 앉으세요" 하고 그에게 권했다.

"아닙니다. 아주미님이 앉으세요."

그는 공손하게 내게 자리를 양보했다. 그의 말투와 품위 있는 자세와 고운 미소가 전달되었다. 요즘 세태를 모두 비난하는 것은 무리일지 몰라도 여성들의 차림새가 눈살을 찌푸리게 하는 경우가 종종 있는데, 그는 전부 참했다. 그와 내가 서너 차례 양보를 주고받다가 결국 내가 앉게 되었다.

대개 30분 정도는 서 있다가 자리에 앉게 되는데 폼나게 양보까지 하면서 차지한 자리이니 운수가 좋은 날인 셈이었다. 바로 왼쪽에 준수한 신사가 앉아 있었다. 그분에게 폐가 되지 않을 만큼 조심스럽게 앉는 순간이었다.

"참 아름답습니다."

무슨 말인지 잘 몰라 신사에게 물었다.

"네? 무슨 말씀이신지…."

"두 분 모두 참 아름답습니다. 드물게 볼 수 있었던 광경이었어요."

대부분 곁에서 무슨 일이 일어나든 무관심하고 냉소적인데 그분의 관심과 표현에 감동하지 않을 수 없었다. 어깨를 돌려 보니 그는 흰 피부에 이목구비가 수려한 육순은 됨직해 보였다. 그에게서 로맨틱한 분위기가 물씬 풍겼다.

순간 감정이 살짝 흔들렸다. '참 별일이네.' 스스로 의문을 던져 보았지만 묘한 설렘에 휩싸였던 것은 부정할 수 없는 사실이었다.

어느 역에선가 그분이 내리고, 나는 책을 펼쳤지만 건성으로 책장을 넘기고 있었다. 설렘은 지속되었다. 근래에 없었던 일이었다. 그러나 한번 출렁이기 시작한 마음은 쉬 진정될 기미가 없었다.

이날 나와 아름다운 스튜어디스가 서로 배려하는 모습을 보고 '참 아름답습니다' 라고 칭송한 것은 그런 미덕을 자주 보여 주라는 격려였을 것이다. 그리고 내 마음이 설레었던 것은 자유로운 영혼의 일탈 아니었을까. 어디선가 읽은 문장 하나가 떠올랐다. "자유로운 상상은 무죄다."

5.
노년의 빈손

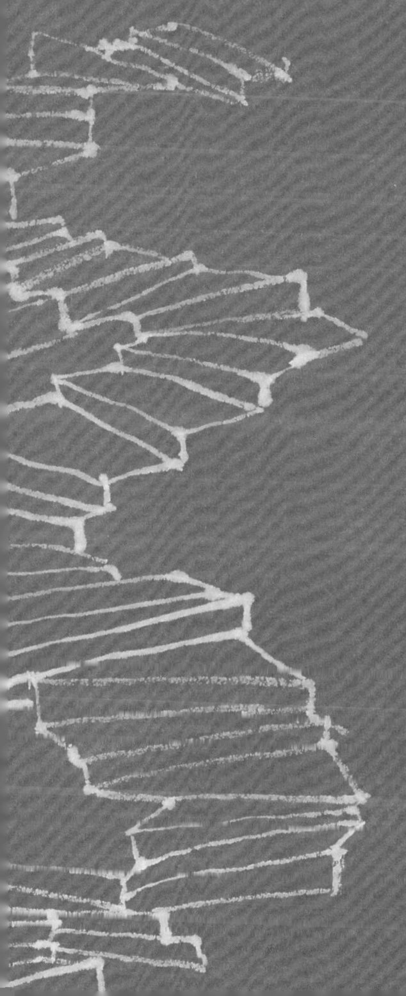

벼룩이 서 말

어머니를 생각할 때마다 단편적인 기억으로나마 외할머니가 내 앞에 서 계신다. 옷매무새가 유난히 깔끔하셨던 외할머니. 푸새가 얌전하고 고운 모시 치마저고리를 입고 한 자는 됨직한 담뱃대를 물고 안방, 건넌방 마루를 왔다 갔다 하며 천장을 멍하니 보시거나 담 너머 어딘가를 무한 응시하셨다. 청상이 되어 오남매를 거느린 딸의 팔자가 안쓰러우셨으리라.

어머니가 날마다 외할머니 흰 고무신을 말갛게 빨아 말려 댓돌 위에 가지런히 놓아두면 그걸 신고 뜨락 여기저기를 둘러보며 손댈 곳이 있을 때엔 가차 없이 언니들을 나무라셨다.

“어머니가 힘겨운 것 같으면 눈치껏 거들어야지.”

서릿발 같은 호령이었을 것이다. 그리고 끼니때가 되어 두 분이 마주 앉으면 말씀은 차마 못하고 긴 한숨으로 어머니를 바라보는 눈빛이 측은하고 애련하셨다. 할머니는 그렇게 달포쯤 계시다 십 리 밖 갈미 본가로 돌아가셨다.

어머니는 안동 김씨 세도가들이 몰락한 고을의 청빈한 이생원의 외동딸이었다. 신학문을 배우지는 못했지만 천자문과 언문을 통달하고, 길쌈과 바느질 솜씨가 좋기로 소문이 자자한 규수였다. 얼굴은 윤곽이 큼직하게 잘생기고 키가 큰 편이었다. 친할머니와 외할머니가 한동네에서 자란 친구였기에 아버지와 인연을 맺었다.

당시 아버지는 최고학부까지 공부를 하고 걸출한 인물을 찾던 문중 부호의 양자가 되었다. 천석꾼 부자 아들이 되자 60여 호가 어울려 살던 이웃들에게 떡과 고깃국으로 잔치를 벌이기도 했다고 한다. 언니들 말에 따르면 추수가 끝나고 나면, 소작인들의 각종 귀한 선물 수레가 끊일 새 없이 우리 집을 들락거렸다고 한다.

그러나 아버지는 독립운동에 뛰어들며 논밭을 팔기 시작

했다. 해가 바뀔수록 농토가 줄어들고, 문전으로 드나들던 마름들의 걸음도 끊어졌다고 말씀하시던 어머니의 그 허망한 눈동자는 오래도록 아프게 기억된다.

이즈음 어찌된 일인지 아버지 형제들도 재물이 소진되기 시작했다. 우리 동네에서 20여 리 밖에 있던 물 건너 조상 묘를 이장한 뒤에 일어난 일이었다는 소문이 떠돌았다. 어머니와 큰어머니는 조용히 비밀스런 얘기를 나누곤 했다.

"형님, 그 조상님 묘를 열고 보니 엷은 안개 같은 서기가 서려 있었다지요?"

"동서, 그것만이 아니라 수의와 피부, 내장까지 치자빛으로 노랗게 말라 있어서 물기가 하나도 없더래. 그걸 보고 일하던 사람들이 안타까워 탄식을 했다잖아."

어린 내가 들어도 신기한 대화가 이어졌다.

"뜻밖에 일어나는 우환이나 단명 사태가 그 뒤로 일어나고 있잖아요."

내 유년 시절만 해도 아버지 사형제와 사촌형제들의 안주인들은 중간집 마님, 꼬작집 마님, 아랫집 마님이라는 우대를 받았다. 그중에 어머니는 아랫집 마님이었는데 동네 사람들로부터 '대인'이라는 평판을 들었다. 한둘도 아닌 조카들의 옷을 밤을 새워 지어 입혔다는 전설이 '대인' 호칭의 배경이었다.

그런데 훗날 들은 얘기로는, 아버지가 집을 떠나 이태 만에 돌아오시면서 한 번은 가죽 핸드백을 들고 매미 날개 같은 양산을 든 미인을 데리고 오셨더란다. 어머니는 닭백숙을 끓이고 귀한 찬으로 대접을 했다. 그러고는 안방에서 홀로 주무시고, 아버지는 건넌방에서 그 여성과 함께 주무시면서 며칠씩 묵고 떠나셨다니, 돌부처도 돌아앉는다는 그 꼴을 견디신 어머니는 참말로 '대인'이셨다.

아버지는 전답을 팔아 만든 독립자금을 직접 들고 가신 게 아니라 큰아버지가 서울까지 전해 드렸다고 한다. 이렇게 여러 차례 독립자금을 조달하고 식구들 굶지 않을 만큼의 전답만 남기신 얼마 뒤 해방이 되었다. 동네 사람들은 이제 아버지가 오실 거라는 기대를 안고 결성 읍성 치부까지 풍장을 치며 마중을 나갔었다고 한다. 그러던 어느 날 아버지와 함께 독립운동을 하던 서산 출신 임직호라는 분이 찾아와, 아버지가 믿었던 동지의 변절로 하얼빈

감옥에 투옥되었다는 소식을 전해 주었다.

그분은 "두파 동지와 함께 투옥되었다가 탈옥했다"면서 아버지도 그리했을 것이라 믿고 우리집까지 찾아온 것인데 애석하다고 말하며 돌아갔다고 한다. 이 소식을 전해 들은 어머니의 심정이 어떠했을까. 목숨을 부지하기가 원망스러웠을 것이다. 그래서 어머니는 해방된 8월 15일을 전후해서 아버지 제삿날을 잡으려고 점쟁이를 찾아다니다 음력 6월 18일을 제삿날로 정했다.

어머니는 어린 내게 "아비 없는 자식 소리 듣지 않으려면 세상을 올바르게 살아야 한다"는 말씀을 귀에 못이 박이도록 하셨다. 그리고 "너의 아버지는 식구 챙기는 것보다 독립운동에 재물도 아끼지 않으셨다. 네가 유복녀로 태어났다고 해서 서러워할 필요 없다. 훌륭한 아버지의 딸로 태어났음을 긍지로 삼아라"는 말씀을 잊지 않으셨다. 그래서 긍지의 흉배를 가슴에 새기고 평생 살 수 있었다.

여러 해 전, 천안 사는 셋째 조카딸의 전화를 받았다.

"막내고모, 인터넷 독립기념관에 들어가 할아버지 성함 '방두파'를 쳐보세요. 할아버지의 족적을 보실 수 있어요."

아마도 독립운동을 하신 할아버지의 족적을 찾아나선 모양인데, 자식인 나도 하지 못한 일을 했다니 조카딸이 무척 대견했다.

'방두파' 하고 엔터를 쳤다. '신간회', '서울지부 간사 방두파'라는 활자가 떠오르며 종로경찰서 심문 조서가 이어졌다. 내게 언제 그렇게 뚜렷한 아버지의 존재가 부각되었던가. 없었다. 다만 구전으로만 전해 듣던 아버지의 역사. 몇 줄 기록으로 남은 속적 앞에서 아연했다. 어려운 삶 가운데도 이렇게나마 당당하게 키워 주신 어머니에게 다시 한 번 머리를 숙였다.

그런데 조카가 애쓴 보람도 없이 독립유공자라는 인정은 받지 못했다. 이유는, 투옥되었던 감옥의 근거서류가 소실되었고, 돌아가셨다는 증거를 찾지 못한 것이었다. 우리 고향에서 십 리 길도 안 되는 곳에서 출생하신 '김좌진' 장군이나 '한용운' 선사나 '윤봉길' 의사만큼 널리 알려진 역사적 인물보다야 작으시지만, 실제 인물로는 서양 배우 클라크 케이블과 흡사하게 미남이셨고 키도 9척 장신이었다고 하니 아버지의 활동상이 어렴풋 잡히기도 했다.

아버지는 늘 집에 안 계셨지만 언니들은 만주에서든 서울에서든 활동하다 오시는 아버지의 선물을 많이 받았다. 가죽 끈이 발등을 조붓하게 묶어 주는 까만 구두와 모직 점퍼스커트와 초록색 폴라셔츠와 털스웨터와 가죽부츠 같은 선물을 받았다. 그러나 나는 아버지 그림자조차 뵙지 못한 유복녀였다. 그래서 오빠의 관심을 한몸에 받고, 둘째 언니와 셋째 언니의 유별난 사랑을 받았다. 언니들은 밤을 새워서라도 색동옷을 지어 입혔다. 우리 동네나 우리 학교에서 제일 좋은 옷을 입히는 것이 언니들 목표였다.

나는 이렇게 호사를 하며 국민학교를 졸업하고 중학교에 입학했다. 둘째 언니는 이미 서울로 시집을 갔기 때문에 중학생이 된 나를 셋째 언니가 뒷바라지해 주었다. 언니는 날마다 흰 칼라를 빳빳하게 풀먹여 윤이 나게 다림질해서 단정하게 입혔다. 하복도 마찬가지였다. 그래서 나는 아침 조회 때마다 선생님들로부터 단정하다는 칭찬을 받았다.

오빠는 객지로 나돌다 씨름대회 시즌이 되면 우승 경품으로 소도 몰고 오고 돼지도 몰고 오는 씨름 장사로 이름을 날렸다. 그때 어머니의 만족스러운 표정을 무슨 말로 다할까. 그러나 오빠는 수시로 집을 비웠다. 그러면 우리 집은 남자가 부재인 여인국이 되었다.

어머니 사시는 게 하루하루 무슨 흥이 나셨을까마는 영창에 햇빛이 쏟아지기 전 박명을 제치고 호미를 들고 대문을 나서셨다. 그나마 가솔을 먹여 살리는 터전이 그리 멀지 않아 다행이었다. 김 서방은 논일로 어머니는 밭일로 쉬지 않고 농사를 지었지만 살림은 늘지 않았다. 나는 어렸지만 가문의 몰락이 두려웠다. 어렴풋이 몰락과 비극이라는 안개가 머릿속에서 빙빙 돌았다.

여인국인 우리 집 안채에선 저녁마다 소설 낭송이 이어졌다. 음보가 구성지기도 하고 눈물겹기도 했는데, 다음 날 밤도 또 그 다음 날 밤도 계속 이어졌다. 어머니는 소설 낭독에 천부적인 소질이 있어서 청중을 들었다 놨다 했으며, 장화홍련전을 낭독할 때는 참 많이 울렸다. 또 유충렬전, 박씨전, 춘향전, 홍길동전, 특히 홍루몽전은 청중들이 요청으로 여러 번 읽어도 싫증이 나지 않았다. 심청전에서는 심학규와 청이가 만나는 대목에서 방안의 청중들 모두 환호성을 지르는 바람에 등잔불이 꺼지기도 했다.

이런 고전 소설을 이웃 친지들에게 읽어 주시는 어머니는 귀찮은 내색을 하지 않았다. 그것으로 아버지에 대한 그리움으로 잠 못 이루는 수많은 밤을 견뎌내셨다. 이웃 마실꾼들이 돌아가고 나면 가물거리는 등잔불을 끄지 않고 가사 없는 군소리를 뱉어내셨다. '으음~ 으음~' 나는 그 울음 같은 콧소리가 끝날 때까지 잠들지 못했다.

우리 집은 나날이 기울어져 갔으나 진작에 가풍으로 삼았던 인심을 거두지 않았다. 그래서 어머니 생신인 음력 시월 열엿새 날에는 동네 어르신들과 이웃 사람들에게 고깃국을 먹이고 기주떡을 빚어 나누는 날이 되었다. 이렇게 할 수 있도록 힘써주는 사람은 아버지가 귀하게 여겼던 광천으로 시집간 큰언니의 전폭적인 지원이 있었다. 특히 큰언니 시어머님께서 빚어 보내시는 가지각색 떡은 소문난 일품이었다. 일찍이 동네 이웃들이 명절 말고는 우리 어머니 생신이나 되어야 동네에 고기 누릿내가 난다고 했다.

내가 중학교 1학년 여름방학이었다. 시집간 둘째 언니가 서울 을지로 4가 명보극장 옆에 살 때였다. 어머니가 보고 싶어 언니네 집에 더 머물 수 없어 보름 만에 집으로 돌아왔다. 돌아오던 날, 둑 안 밭이랑을 타고 어머니는 피 같은 땀을 흘리고 계셨다. 구름 한 점 흐르지 않고 이글거리는 햇볕을 피하지 못하고 삼베 적삼과 삼베 치마가 황토 범벅이 된 채 앉은걸음으로 뭉칫뭉칫 김을 매고 계셨다. 나는 기운이 소진되어 가는 어머니를 와락 안고 목놓아 울기 시작했다.

"어머니, 이게 뭐야! 너무 힘들잖아요! 이렇게 뜨거울 때는 동구나무 밑에서 쉬지."

"예끼, 내가 죽은 것도 아닌데 난데없는 아이고땜이야. 울음 그치거라" 하시며 눈을 씀벅거리셨다. 구릿빛으로 빤질빤질한 어머니의 살빛을 보는 순간 눈물이 폭포처럼 쏟아졌다. 우윳빛인 서울 사람들과 비교하니 어머니의 삶이 너무나 억울하고 불쌍했다.

지금 돌이켜보면 어린아이에 불과했던 시간 속에서도 나는 끊임없이 어머니의 치마꼬리를 놓지 않고 어머니를 주시했었다. 왜 그런지 내가 어머니 곁에서 멀어지면 돌아가실지도 모른다는 불안, 어머니를 잘 지켜 드려야 한다는 믿음이 강렬했다. 그래서 어머니의 심부름을 어긴 적이 없고 어머니에게 칭찬을 들으려고 애썼다. 감히 바라볼 수 없는 남편을 만났지만 남편도, 재물도 잃은 슬픔을 헤아리면 어머니가 너무나 불쌍하고 측은해서 서러웠다. 그래서 나는 '아버지!' 하고 절대로 입에서 소리내지 않았다. 다만 어머니가 가련해 착해지려고 힘썼을 뿐이다.

어느 해 홍성 고모가 오셨다. 보릿고개였으니 쌀이 없었다. 어머니가 당황해하셨다. 귀한 시누이에게 보리밥을 대접할 일이 걱정스러웠다. 조금 뒤에 어머니는 앞치마 속에 무언가 숨겨서 부엌으로 들어가셨다. 내 눈치로는 이웃에서 쌀 한 줌 꾸어 오신 게 틀림없었다.

천석꾼의 농토에 넉넉했던 살림이 몰락해 곡식 꿈질을 했다는 것은 내가 생각하기에 서러움이었다. 그 서러움을 어머니가 감내할 수밖에 없었던 까닭은, 시누이에게 오직 쌀밥 대접을 하기 위해서였다. 그때 어머니의 참담해하던 모습이 지금도 잊혀지지 않는다. 아버지의 독립운동이 채워 줄 수 없는 서러움이었다.

어머니는 예순다섯에 대천에서 광산하는 오빠 댁으로 들어가셨다. 거기서 편안하게 사시다 72세에 영면하셨다. 우리 형제 모두는 어머니 임종을 지키기 위해 기다렸지만 좀처럼 영면에 들지 못하셨다. 둘째 언니는 아무래도 보고 싶은 사람이 있는 것 같으니 어머니에게 물어보자고 했다.

"어머니, 누구 보고 싶으세요?"

내 말을 알아들으셨는지 아주 희미하게 말씀하셨다.

"벼룩이 서 말."

어머니 곁에 둘러앉았던 우리 형제들은 깜짝 놀랐다. 그건 고모를 찾는다는 것이었다. 그래서 어머니께 고모가 보고 싶은 거냐고 재차 물었을 때 어머니는 간신히 머리를 끄덕이셨다. 왜 고모가 벼룩이 서 말이냐고 언니들에게 물었더니, 어머니 젊어 하도 벼룩처럼 톡톡 쏘아붙이는 시누이 행세를 한다고 해서 붙은 별명이라고 했다. 마지막 떠나는 마당에서 우리 어머니는 인간적인 화해의 다리를 놓으셨다.

우리는 즉시 고모에게 전화를 걸었다. 그날 늦은 점심나절에 고모가 오셔서 어머니 귀에 대고 속삭이듯 말씀을 하셨다.

"형님, 나 보고 싶었어요?"

어머니는 입꼬리를 살짝 올리며 반응을 보이셨다.

"형님~ 편안하게 떠나세요. 거기 가서 오라버니 만나면 내 안부도 전해 주세요."

갑자기 어머니 얼굴이 평안해 보이더니 딸국질을 하셨다. 그 소리가 이 세상을 하직하는 어머니의 마지막 소리였다.

어떤 개입

서울올림픽 때였다. 세계의 눈과 귀가 우리나라로 쏠리고 있었다. 우리는 더 이상 변방의 작은 나라 국민이 아니라는 자부심으로 들썩거렸다. 처음 개최한 올림픽에 흥분되어 있었고, 경기가 열리는 지역의 교통지옥도 기꺼이 견뎌내고 있었다.

과천에서 경마 경주가 열리던 그날, 나는 그곳에서 사당까지 가야 할 일이 있었다. 버스는 콩나물시루 같았다. 발 하나 떼기조차 쉽지 않았다.

뿜어내는 호흡에 숨이 막힐 지경인 그때, 한 젊은이의 고함소리가 내 귀청을 울렸다.

"야, 왜 까불어. 너희들 죽고 싶어?"

그 젊은이의 위협은 섬뜩했다. 상대편 청년들은 죄인처럼 고개를 푹 숙인 채 아무 대꾸도 하지 않았다.

몸은 움직이지 못해도 소리가 나는 쪽으로 시선이 모아졌다. 무슨 영문인지는 모르지만 일방적인 공격의 말은 불안감을 더했다. 그런 와중에도 버스는 사당역에 승객들을 부려놓았다. 버스에서 낯이 익은 젊은이들은 무리에 섞여 지하도 속으로 빨려 들어가듯 사라졌다.

정류장에서 다른 버스로 갈아타기 위해 기다리는 동안 그제야 그 젊은이들의 관계가 궁금했다. 무슨 일일까. 탈 없이 돌아가고 있을까. 이상하게 마음이 쓰였다.

한참을 기다려도 버스는 오지 않았다. 아무래도 전철이 낫겠다 싶어 몸을 돌려 지하도 계단을 따라 내려갔다. 그런데 무슨 일인지 사람들이 겹겹이 둘러서서 무언가를 구경하고 있는 듯했다. 궁금하여 목을 빼고 그곳을 넘겨다보았다.

"아니, 저건…."

분명 낯이 익은 얼굴들이었다. 빽빽한 사람들 사이로 언뜻 보이는 모습. 아까 그 젊은이들이었다. 덩치가 산 같은 젊은이와 호리호리한 젊은이가 한패가 되어 누군가에게 으름장을 놓고 있었다.

"야, 너 왜 건방지게 행동해. 죽어 볼래?"

주먹 쥔 손을 휘두르는 그 아래, 머리를 조아리고 무릎을 꿇은 젊은이 둘은 아무 대꾸도 하지 않은 채 상대에게 정수리만 들이밀고 있었다. 이유야 어떻든 누구 하나 말리거나 나무라지 않았다. 모여든 사람들에게 그들은 단지 구경거리에 불과한 듯했다. 그 광경을 그냥 지나칠 내가 아니었다.

"아니 젊은이들, 무슨 이유로 남의 귀한 아들 무릎을 꿇린단 말입니까? 조금 전 버스에서도 그러는 걸 봤는데…."

"아주머니가 뭘 안다고 참견이요잉. 버스에서 발을 밟고도 사과를 똑바로 안혔다닝께요."

진한 사투리를 쓰는 청년 셋이 나를 똑바로 쏘아보았다.

"만원버스에서 발 좀 밟았기로서니 너무 심하지 않아요? 입장을 바꿔 생각해 봐요."

생각지 않은 나의 개입에 두 젊은이는 지극히 태연한 채 나를 위아래로 훑어 보았다.

누군가 경찰서에 신고를 할 텐데 어서 자리를 뜨지 않으면 불리하니 빨리 가라고 종용했다. 내 말이 기가 차기도 하고, 차마 나이든 사람에게 대들지는 못하겠는지 잠시 주춤거렸다. 그래도 그냥 떠날 수 없다는 듯 마지막 허세를 쏟아 놓았다.

"너희들 어디서 놀아?"

"아무 데서도 놀지 않습니다."

"우리 동대문에서 놀고 있으니 한번 찾아와라."

납작 엎드린 두 젊은이를 내려다보는 거만한 시선과 저속한 언어가 거슬렸지만 어쩔 수 없었다. 그들은 거들먹거리며 그 자리를 떠났다.

"살다보면 이런 일 저런 일 다 있으니 툭툭 털어 버려요."

두 젊은이를 일으켜 주었다.

"아주머니, 저는 군복무도 마쳤어요. 감사합니다."

한 젊은이가 내 손을 부여잡으며 말했다. 불편한 일에 끼어드는 내 행동을 오지랖이라고 해야 할까, 정의감의 발로라고 해야 할까. 어떤 불합리한 사건을 보았을 때 그냥 지나치지 않고 옳지 않음을 지적해서 일깨워 주고, 또 역지사지로 어루만지도록 설득하고 싶은 의협심 때문이다. 그래서 나는 이런 개입을 한 번도 후회해 본 적이 없다.

무슨 대단한 권세라고

"할머니, 뒷좌석으로 가세요. 넘어지면 큰일납니다."

막 승차카드를 갖다 대는데 귀에 박히는 운전기사 목소리가 뚝뚝했다.

노인이 승차했나 보다, 짐작하며 내 지정석인 운전석 바로 뒷자리를 찾아 앉았다. 그리고 휘익 둘러보았다. 그런데 나 외에는 자리를 찾아 앉는 손님이 아무도 없었다.

'그렇다면, 그 할머니는 바로 나?'

불청객처럼 불쑥 내 가슴을 비집고 들어온 '할머니'란 말이 왜 이리 낯설까. 내가 어느새 그 연령대가 되었난 말인가. 평온하던 물살에 파문을 낸 돌팔매 같은 맘, 내

자존심을 있는 대로 생채기 내고 빵소니친 그 말은 분명 충격이었다.

내가 버스를 오르며 기우뚱거릴 때 운전기사는 내심 불안했을 것이고, 머리가 희끗하니 그저 할머니라 불렀을 텐데 왜 이리 서럽게 다가오는가. 그는 내 안전을 생각해서 무심코 뱉은 말인 줄 알면서도 내게는 '할머니' 라는 말만 유독 크게 와 닿았다.

나는 버스 맨 앞자리를 좋아한다. 여러 걸음을 하지 않아도 되고 앞자리 승객의 머리가 시야를 가리지 않아서 좋다. 또한 넓은 앞 유리창으로 풍경을 내다볼 수 있어서 더욱 그렇다. 그러나 지금은 풍경은 전혀 들어오지 않는다. 운전기사의 말만 점점 더 큰 메아리로 다가올 뿐이다.

'나도 할머니구나.'

그제야 멀리 내다보이는 푸른 봉우리에서 힘차게 내려오던 햇살이 금세 후줄근해지더니 내 어깨처럼 축 처진다. 저기서 지금 나처럼 까마귀가 까욱까욱 울어댈지도 몰라, 우울한 생각이 머릿속에서 떠나지 않았다. 지금 내게 부러운 것은 젊음, 지나고 보니 그것이 가장 소중한 것이었다. 그러나 어쩌랴. 태어나고 늙고 지는 것이 순리인 것을.

지하철로 갈아탔다. 앉을 자리가 없으니 책도 읽을 수 없고, 버스와 달리 내다볼 풍경도 없어 어쩌다 마주치는 시선이 뻘쭘했다. 어느 누구도 자리를 선뜻 내어주지 않는다. 여태까지 그래왔다. 솔직히 다리가 아파서 누군가 자리를 양보해 주었으면 싶은 날도 있었다. 그러나 오늘만큼은 전혀 그렇지 않다. 오히려 나를 할머니로 여겨 주지 않는 것에 안도감마저 들었다.

어느 날의 어떤 노인의 모습이 떠오르면서 나는 고개를 저었다. 그 노인은 곤히 잠든 학생 앞으로 가더니, 다짜고짜 지팡이로 쿡쿡 찔러대며 소리를 지르는 것이었다.

"요즘 놈들은 위아래를 몰라본단 말이야. 조는 척한다니까. 버르장머리가 없어. 네 애비 에미가 그렇게 가르치더냐?"

지팡이로 바닥까지 탕탕 내리치며 소리를 지르는 바람에 모든 시선은 노인에게 꽂혔다. 깜짝 놀라 눈을 뜬 학생은 영문을 몰라 눈이 휘둥그레지더니 이내 자리에서 일어섰다. 그러나 자리에 앉은 노인의 잔소리는 이어졌고 서 있는 학생의 머리까지 지팡이가 올라갔다. 그 광경을 지켜보던 나는 학생이 젊은 혈기에 노인에게 내꾸라도 하면 어쩌나 내심 조바심이 생겼다. 어느 누구도 노인을 말리지 않았다.

"할아버지, 왜 그러십니까. 자리를 내어 드렸으면 그만이지 어쩌자고 남의 집 귀한 자식에게 그렇게까지 하십니까. 그렇게 하시면 안 됩니다."

가만히 있을 내가 아니었다. 내게로 시선을 옮긴 노인은 나를 위아래로 훑더니 이내 등등하던 위세를 꺾었다. 전철 안은 조용해졌다. 잠시 화가 솟았지만, 잊어버리고 집으로 돌아오면서 나는 생각했다. 품 넓은 내 노년의 뜰에 사랑은 물론 고요와 배려를 함께 길러야겠다고.

늙음이 마치 권세이자 권리를 누려야 하는 권력쯤으로 아는 이들이 있다. 그러나 오래 살았다는 것이 존중의 대상은 되지만 존경의 대상은 되지 않는다. 말과 행동이 나이에 걸맞을 때 비로소 존경을 받는다는 걸 왜 모를까.

승객의 권리는 누가 지켜 주나

친구들과의 이야기 중에 단골로 등장하는 것이 지하철에서의 일화다. 별로 늙어 보이지도 않는 노인이 젊은이에게 호통치는 일이며 자리를 먼저 차지하려고 뛰는 사람들과 구걸하는 사람에 관한 것, 그리고 큰 소리로 떠드는 것 등 다양하다. 얘기를 듣다 보면 마치 눈앞에서 목격한 듯 우습기도 하고 눈살이 찌푸려지기도 한다.

나는 옆에 앉은 사람이 쪽잠을 자는 모습이 안쓰럽기도 하고, 자리를 밀고 오는 덩치 큰 이가 불편하기도 하다. 사람 사는 일이라 성낼 일도 간섭할 일도 아니지만, 어떤 때는 무관심이 내키지 않을 때도 있다.

그날, 경로석 한쪽에는 할머니들이 반대쪽에는 할아버지들이 앉아 있었다. 무슨 약속이라도 한 듯 내외하는 모양이 재미있었다. 그중 한 할머니가 요즘 돌아가는 정치에 열변을 쏟아냈다. 어지간히 음성도 커서 내용이 다 들렸다.

그러자 건너편 영감님이 못마땅했는지 다짜고짜 노골적인 욕설을 건넸다. 물론, 큰 소리로 말한 것은 할머니 잘못이 크지만 댓바람에 욕이 튀어나온 것은 더욱 큰일, 노인들의 오가는 말이 험악해졌다. 우리나라 사람들 남녀노소할 것 없이 정치에 그리 관심이 많은지 그날 실감했다.

우습기도 하고 짜증이 나기도 했다. 늙으면 양기가 모두 입으로 올라온다더니 어찌나 말발들이 센지. 나이 들면 여자는 더욱 억세지는 게 맞는지 할머니 열 마디 반격에 영감님은 결국 도중에 하차를 했다.

문제는 그들의 입씨름 대상이었던 귀하신 몸이 있는 대로 체면이 구겨지고, 마침내는 벌거숭이가 되었다는 점이다. 잠시만 귀를 막으면 된다, 이 또한 지나가리니. 그러나 다 같은 승객인데 귀한 돈 내고 곤히 앉아서 쉬고 싶은 승객의 권리는 누가 지켜 주는 걸까.

친구 따라 강남 가기

철마다 바뀌는 새소리를 들을 수 있는 산 아래 집으로 이사를 했다. 손을 내밀면 연둣빛이 묻어 올 것만 같은 곳, 나무들의 수런거림이 창틈으로 스며들어 귓전을 간질였다. 부지런한 뻐꾸기가 아침잠을 깨우고 한낮이면 고요의 물결을 휘젓다 돌아가곤 했다.

고향을 잊어버리고 살아온 수십 년. 이곳 하마비마을에 오면서 마음은 여유로워지고 몸의 통증은 수그러들었다. 자연이 주는 선물을 마음껏 누리게 된 것이다. 부엌 쪽 창 너머로 소나무와 어우러진 향교의 기와지붕이 고풍스럽다. 설거지를 할 때면 새들의 소리가 달그락거리는 그릇

소리와 어우러졌다. 한소끔 끓은 국이나 찌개의 간을 맞추느라 국자로 떠서 입으로 가져갈 때면, 산봉우리들이 어느새 다가와 맛을 보고 간이 딱 맞는다는 듯 한쪽 눈을 살풋 감았다 뜬다.

친구 따라 강남 간다더니, 내가 이곳으로 삶의 터전을 옮겨 앉은 것은 바로 그 때문이다.

"우리 더 늦기 전에 모여 살자."

13년 전, 의기가 투합된 친구들이 하나둘 이곳으로 모여들었다. 내 눈이 잘 보이지 않아 눈뜬 봉사나 다름없었을 그때, 나는 자연히 친구들에게 의지하게 되었다. 계자, 정희, 정자, 문규 등 친구들은 부탁도 하기 전에 알아서 먼저 도와주었다. 내 팔짱을 끼고 어디라도 데려다주었고, 일일이 반찬을 짚어 주며 설명해 주거나 밥숟가락에 맛있는 찬을 올려 주었다. 친구들에게 느끼는 고마움은 초가 타며 흐르는 촛농처럼 뜨겁고 가슴 뭉클한 것이었다.

"승순아, 나올 수 있지? 정자가 너 태우러 갈 거야."

아침 일찍 계자의 전화가 왔다. 정자의 차를 타고 하마비 마을에서 분당까지 가기로 한 것이다. 친구들은 거기서 분위기 좋은 곳에 데리고 가 한껏 기분을 고조시켜 주었다.

우거진 삼림 속 마당 넓은 황토집 주변엔 풀꽃들이 그득 피었고 국화차는 향기로웠다. 카페 테라스에 앉아 잔잔히 흐르는 음악을 들으면 우리의 시간도 고요히 흘러갔다.

"사랑하는 친구들아, 건강하고 행복하게 살자."

내가 하마비마을로 이사를 온 지 일 년 반쯤 지난 때였다. 친구 정희가 자기 가슴에 내 손을 얹어 보라고 했다. 뜬금없는 말에 손을 갖다 대니 동글동글한 뭔가가 만져졌다. 유방암 초기 증세라는 거였다.

나를 살뜰히 챙겨 주던 정희가 수술을 받게 되었다. 정희의 건강을 염려하며 계자와 나는 여러 차례 운 적도 있다. 그 옛날 학창 시절, 하굣길이면 으레 내 차비를 걱정해 주던 친구가 정희였다. 그는 주머니에서 돈을 꺼내 내 손에 쥐어 주곤 했었다. 내게뿐 아니라 다른 친구들에게도 살뜰했다. 그런 친구가 아프니 얼마나 가슴이 아픈가.

"너희들부터 태워 줘야 하니 타라."

남편이 외제 승용차를 뽑았다고, 계자가 우리를 태우러 왔다. 계자는 우리를 데리고 분위기 좋은 곳을 찾아다녔나. 우리들은 웃음보가 터진 듯 깔깔거리며 하루가 어떻게 갔는지 모를 정도로 즐거웠다. 그렇게 해 주고도 계자는 우리를 시장에 데리고 가 맛있고 싱싱한 찬거리를 사서 안겨 주곤 했다.

우리는 언제라도 행복하다는 말을 주저없이 할 수 있다. 아깝지 않게 내어주는 친구들이 있기에, 서로의 걱정을 덜어주는 그들이 있기에 기쁨은 배가 되고 걱정은 절반이 된다.

하얀 집

자유로에 인접한 일산 호수공원. 북쪽 문으로 들어서자 시야 가득 들어오는 넓디넓은 공원이 나를 압도한다. 입구 광장은 가을걷이를 끝낸 농촌 들마당을 깨끗이 쓸어놓은 것처럼 쾌적하다.

공원 면적은 30만 평이 넘고 호수는 9만 평이 더 된다는 이 호수공원은 마치 육지에 바다가 들어앉은 듯하다. 동과 서 그리고 남 세 방위가 까마득해서 호수는 조금 걸음을 옮긴 뒤에야 제 모습을 드러낸다. 키 큰 관목 아래 놓인 벤치처럼 인적마저 띄엄띄엄하다.

벤치에 앉는다. 선너번 호수에 빈사된 햇살이 영롱하고

자전거족들의 휘날리는 머플러가 시원스럽다. 마치 영화의 한 장면을 보는 듯하다. 잘 차려입은 한 쌍의 노부부가 손을 잡고 걸어간다. 그들의 삶이 어떤 굴곡을 지나왔는지 알 수 없지만, 지금 내게 보이는 모습은 다정함뿐이어서 그들이 부러워진다.

이곳 호수공원을 찾은 이유는 요즘 답답증이 이는 일상 때문이다. 산 그림자 한 자락 내려오지 않고 베란다에 나가 보면 앞동과 옆동, 그리고 뒷동이 겹겹 버티고 있는 건조함과 삭막함이 나를 이곳까지 불러낸 것이다.

건너편 호수 쪽으로 걸어간다. 호숫가 벤치에 앉아 휴식을 하고 있는 사람들도 저리 고요하고 평탄한 물살처럼 흘러가고 있을까. 호수를 다 밟아 보는 것은 무리일 듯싶어 '장미길'이라 명명된 좁은 길을 따라 팔각정 이층에 앉아 본다. 드넓은 호수 중앙에서 솟구치는 분수의 물방울들이 유리 알갱이처럼 흩뿌려진다. 구슬 다이아몬드를 꿰어 만든 주렴이 바람에 살랑거리는 것 같다.

공원 남쪽으로 자유로가 가까이 있고 멀리 유유히 흐르는 한강물과 하늘 높은 줄 모르고 치솟은 건물들이 또렷이 보여서 시야를 놀랍게 하지만 어디에 카페가 있다면

들앉아서 차를 마시며 풍경을 내다보면 좋을 듯싶다.

저기 호숫가 남쪽으로 하얀 집이 보인다. 분명 저것은 카페다. 반가움에 천천히 걸어가며 미리 커피향을 맡는다. 남도의 푸르름이 물씬 풍겨오는 녹차향도 있을까. 찻잔에 그리움을 녹여 마시면 오늘은 얼마나 아름다운 날이 될까. 너무 빨리 도착하면 그 기대가 반감될 것 같아 다시 벤치에 앉아 본다. 소슬한 바람이 어느덧 가을 정취를 실어다 준다.

하얀 집으로 들어섰다. 그런데 그곳은 내 예상을 보기 좋게 무산시켰다. 화장실이었다! 호수에 떠 있는 화장실은 변기에 앉아서도 넘실거리는 물살을 볼 수 있다. 휴게실 바닥은 앙증맞은 화분들이 가지런히 놓여 있고 흰 벽엔 작은 그림이 걸려 있다. 거기에다 클래식 음악이 흘러나오니, 근심은 버리고 마음 가득 기쁨을 얻어 가는 곳이 아닌가. 공중화장실 문화가 이렇게 달라졌다니, 놀라운 일이다.

뒷간은 멀수록 좋다는 우리네 속담은 아마도 냄새 나는 곳이라는 이유가 가장 클 것이다. 그곳엔 거미줄이 주렁주렁 걸려 있고 어두침침했다. 그것이 차츰 현대식으로 바뀌기는 했지만, 여전히 화장실은 오래 머물기엔 뭔가 찜찜한 구석이 있다. 그러나 이곳은 오래도록 물비늘을 감상하기 좋은 휴식 공간인 셈이다.

그러나 한편, 사람의 몸을 거쳐 나온 것들이 거름이 되어 밭에 뿌려지던 고향 냄새가 그리워지는 것은 왜일까. 아파트 숲에 갇혀 멀미가 날 것 같은 일상에서 벗어난 한나절의 소풍이 어느덧 노을 속으로 잠겨간다. 곧 공원 문을 나가 거리의 소음 속에 다시 섞일 것이다.

조력자의 길

알람 소리에 선잠을 깼다. 부엌 쪽창 너머 감청색 산봉우리들은 아직 곤한 잠에 빠졌는지 기척이 없다. 창틈으로 들어온 바람이 아직 눈꺼풀에 남아 있는 잠을 마저 털어낸다.

이 새벽, 냉장고 안을 들여다보는 눈길이 위아래 좌우로 바쁘다. 아들과 며느리에게 김밥을 말아 주려는데 준비해 둔 재료를 얼른 찾지 못한다. 선명하게 보이지 않아 짜증도 나지만, 정성스레 싸준 김밥을 받아들고 연신 "어머니, 고맙습니다. 정말 맛있어요." 고마움을 표시하는 며느리의 마음이 짜증을 한방에 날려 버린다.

그뿐인가. 미안함이 가득한 표정으로 아들이 "어머니, 고맙습니다. 고맙습니다." 반복해 감사인사를 건네면 가족 간의 돈독한 정에 저절로 배가 불러온다.

아들과 며느리가 출근을 하고 나서야 흐트러진 집안이 내 눈에 잡힌다. 이걸 언제 치우나, 신발은 제멋대로 놓여 있고 신문과 광고지가 아무렇게나 펼쳐져 있다. 몸은 원시림이든 갯벌이든 상관없으니 눕혀만 달라고 원성이지만, 그럴 여유가 내게는 없다.

손자 손녀를 보살펴 주는 조력자로서 고충이야 어디 한두 가지일까만, 겨울날의 길을 봄날에 또렷이 기억할 수 없듯이 오늘 힘든 과정을 언젠가는 잊게 될 것이다. 녀석들에게 예쁜 옷을 입혀 놓고 귀여운 모습을 바라볼 때면 노곤한 몸에 불현듯 생기가 돌고 마음은 한결 가뿐해진다. "할머니는 싫어요, 야단만 치잖아요." 투정을 부려도 밉지 않으니 이것이 진짜 사랑인가.

내 또래 부모들 대부분은 결코 자식과 살지 않겠다고 말한다. 함께 살면 여러 가지로 불편하고 행동이 자유롭지 않기 때문이란다. 게다가 가사는 물론 손자 손녀 봐주기 등 노동력 봉사까지 감수해야 하는 고충도 보통은 아니다. 그래서 어떤 이는 손자 돌봐주는 도우미 비용을 대신 내주었다는 생색을 내기도 한다.

그러나 나는 그것이 과연 현명한 일인지 판단이 서지 않는다. 도르래로 퍼올리는 어른으로서의 아량과 사랑은 샘물같이 청량하지만, 고단한 내게 존경의 월계관이 씌워지려나, 혹시 원망을 쏟아내지는 않을까, 걱정에 마음이 조여오지만 너그러운 마음으로 나는 웅숭 깊은 호수가 되고자 한다.

그리하여 가끔 내게 최면을 건다. 아니, 기도를 한다는 게 맞는 말일 듯하다.

'나는 나무에 살풋 앉은 새처럼 보람의 열매를 따먹으며 노래하리.'

노년의 빈손

오랜만에 친구들과 만났다. 종각 건너편 메타세콰이어 그늘 아래 벤치가 여름날 만남의 장소로 제격이다.

몸에 딱 맞는 재킷에, 허벅지에 붙는 흰 바지에, 하이힐을 신은 우리 네 명의 만남은 웃음으로 시작되었다. 그중 우스갯소리를 잘하는 친구는 약속시간에 늦은 미안함을 너스레로 대신했다.

"딸의 딸을 길러주는 신세가 되었으니 내 청춘은 고개를 넘어간 것 같다."

청춘이 갔다는 그의 말과는 달리 얼굴은 홍조를 띠고 있었다. 우리는 또 한번 까르르 웃음이 터졌다. 그 웃음소리가 참 맛있다는 생각이 들었다. 오랜만에 봤으니 돈 생각 말고 비싼 밥 먹자는 합의로 사찰음식점에서 점심을 먹었다. 코스 요리는 깔끔하고 개운했다. 일층 찻집으로 약속한 듯 내려갔다.

"얘들아, 우리 등 뒤 보라색 재킷 입은 여자 나랑 동갑인데 재혼했어. 본남편과 사별했는데 강남에 빌딩과 아파트 몇 채를 유산으로 받았대. 그런데 새 남편도 강남 부사래. 재혼하자마자 남편과 손자들이랑 세계일주 다녀왔다더라."

"좋겠다."

친구의 말에 우리는 이구동성으로 합창했다.

그러고 보니 세상이 달라지긴 했다. 전에는 남이 알세라 쉬쉬하던 재혼을 거리낌 없이 입에 올리고, 그것에 동조를 하다니. 그러나 재혼이라는 것도 재력이 따라줘야 가능한 일인 듯했다.

한 친구가 심각하게 의견을 물어왔다.

"남편이 용돈을 넉넉히 주지 않는다고 죽어야 되겠다고 협박을 하는데 어떡하면 좋겠니?"

"얼마나 주는데?"

"만 원."

"만 원? 그거 심각한 문제다. 남자가 돈 만 원으로 뭘 하겠어. 네 말이 더 충격이다."

우리는 또 이구동성으로 한 목소리를 냈다.

"아들딸에게 생활비를 받아쓰는데, 이만 원을 가지고 나가는 날은 노름방에서 밤을 샌다니까."

혹시 용돈을 불리고 싶은 욕심은 아닐까, 추측했지만 친구는 십만 원을 줘도 마찬가지라고 했다. 친구의 이어진 말에 용돈을 올려야 하는지, 아니면 그 금액 그대로 가야 하는지 결론을 내리지 못했다.

역시 돈이 문제다. 모든 게 순조로워도 돈 문제가 해결되지 않으면 일은 진행되지 않는다. 더군다나 노년의 돈은 더욱 그렇다. 젊어서야 노동으로 대신할 수 있는 체력이 따라준다지만, 노년의 빈손은 빈곤이다. 어쩌면 삶에 실패했다는 극단적인 결론까지 도달할 수 있는 문제이기 때문이다.

그래서 한몫 쥐기 위해 노름을 하는 것이고, 목돈을 쥐면 관능의 치마폭에 휘감겨 보기도 하는 것일까. 돈이 없어 죽은 듯이 산다는 것이 과연 사는 것일까. 뭐라 말할 수 없는 명제다.

유쾌한 오후

"강촌행 승차권 네 장이요."

아무런 대답이 없었다.

"얼마예요?"

"만삼천육백 원이요."

승차권 판매소 여자 매표원은 무뚝뚝했다.

"아니, 아니, 왕복권으로 주세요."

더듬거리는 내 친구 목소리에 매표원은 짜증스럽다는 듯 바라보았다.

"돌아올 때 혹시 자리가 없을까 봐 그래요."

"이만칠천이백 원이요."

마이크에서 흘러나온 음성은 조금 전부터 일렁이기 시작한 불쾌감을 목구멍까지 끌어올렸다. 그러나 우리는 서로에게 눈짓을 보냈다. 여행의 설레임을 사소한 일로 망치고 싶지 않았다.

강촌행 기차는 깨끗하고 조용했다. 차창 밖으로는 풍요로운 가을이 펼쳐지고 있었다. 마음도 저절로 풍성해져서 고개 숙인 벼이삭이며, 두둑 밖으로 고개를 내민 고구마며, 농가 안마당의 늙은 호박이며, 쌓아놓은 콩대로 옮겨가는 시선이 분주했다. 그리고 보이는 것들 뒤에 숨은 허리 굽은 농부의 수고도 어렴풋이 헤아려 보았다.

서로 마주 보고 앉은 우리 넷은 가을 풍경에 섞이어 조용조용 이야기보따리를 풀어놓았다.

부천 사는 경선은 느지막이 본 딸이 가끔 근사한 외식을 시켜 준다고 자랑하고, 자양동 사는 명현은 딸이 아버지만 챙긴다고 툴툴거리고, 쌍문동 인자는 점당 백 원짜리 고스톱을 치는데 계산해 보니 매일 만 원은 잃는 것 같다고 억울한 표정을 지었다. 수다 목록에 내 얘기가 빠질 수 없었다.

"우리 어머니는 편찮으시면 당신 혼자 세상 뜰 수 없다며 제주도 시누이며 포항 시동생까지 다 불러들이라며 고래 고래 역정을 내신다."

"당신 아픈 데 불러들이는 건 이해하지만, 혼자 세상 뜰 수 없다는 건 도저히 이해불가다."

바른말 잘하는 경선이다운 말이었다.

"그럼 가족 모두 같이 죽자는 거야?"

다른 친구들도 거들었다. 나는 한마디 더 붙였다.

"병원에 가시자고 속옷을 꺼내 드리면 내게 홱 집어던지신다. 젊어서도 꺾지 않던 고집, 며느리에게 꺾이지 않으시겠대."

"그래서 어찌 됐어? 그럼 회복이 늦는데…."

친구들은 걱정 반, 위로 반 섞인 말로 물어왔다.

"요즘은 쾌차하셔서 진지도 드시고, 오래전에 돌아가신 우리 친정어머니 기일까지 챙기셔."

"다행이다. 오래도록 편찮으셨으면 어쩔 뻔했어. 제발 주무시듯 떠나셔야 하는데."

입담 삼아 본 흉이지만, 이야기 속에는 정말 부모님에 대한 걱정이 숨어 있고 가족에 대한 애정이 담겨 있다. 그리고 후일 우리의 자화상 같아 시어머니에 대한 얘기는 조심스럽기도 했다. 화제가 자연스럽게 양가 어머니들의 얘기로 돌아갔다.

"화장실에 들어갔더니 세면기며 거울이 온통 숯검댕이 칠인 거야. 그게 글쎄 우리 어머님이 시골에서 가져온 숯을 머리에 문질러대신 거야."

명현이 얘기에 우리는 기차 안이라는 것도 잊은 채 까르르 웃었다. 그러자 경선이가 끼어들었다.

"우리 엄마는 어느 날 화장실에서 나오시지를 않는 거야. 겁이 더럭 나더라. 화장실 문을 벌컥 열어 봤지."

"그래서?"

우리는 호기심 가득한 눈으로 경선이를 바라보았다.

"글쎄, 머릴 새까맣게 염색하신 거야. 엄마, 웬 염색이야, 그랬더니 엄마가 뭐랬는지 알아?"

"그야 젊어지고 싶어서라고 하셨겠지."

우리는 같은 반응을 보였다.

"깜찍스러워지고 싶어서 그랬대."

흰머리를 감추어 젊게 보이고 싶은 두 분 어머니. 우리도 그 나이가 되면 그렇게 할 것인데 왜들 그렇게 배꼽 빠지도록 웃었는지.

그런데 웃고 있던 인자의 눈이 벌개지더니 눈물이 뚝뚝 떨어졌다. 편찮으신 친정어머니가 거동마저 불편하시기 때문이었다. 우리들 생의 오후가 잠시 유쾌하다 숙연해지는 순간이었다.

내 딸 지숙아

너를 세상에 내놓은 어미로서 널 키우며 참으로 행복했다. 태몽으로는 아들일 거라는 기대로 열 달을 기다렸는데, 1974년 1월 27일 오후 1시 25분, '딸' 이라는 산파의 말을 들으면서 '아, 이 아이도 나와 똑같은 출산의 고통을 겪어야 하는구나' 싶어 네가 딸로 태어난 것이 가여웠단다.

얼른 너를 바라보았지. 연진이 오빠보다도 더 씩씩하게 생겼고 기가 막히게 빼닮았더라. 그런데 넌 그저 먹고 자고 먹고 자고, 어찌나 순했던지 7개월이 될 때까지 두 팔에 얹어놓고 얼러 본 일이 없단다. 밤에도 보채거나 울지 않았어. 네가 6, 7개월쯤 되었을 즈음이었는데 막내 고모

고등학교 졸업식에 갔다가 집에 와 보니 그때까지 쌔근쌔근 자고 있는 거야. 정말 기특하고 감동적이었지. 일부러 깨워서 젖을 먹였단다.

그 뒤 우리 집이 염리동에서 효창동으로 이사를 했지. 엄마가 부엌에서 일을 하고 오빠가 네 곁에서 놀면 아무 탈이 없었는데, 어느 날 오빠가 할머니 댁엘 갔어. 그날부터 방에 혼자 두면 까무라칠 듯 울어대더라. 그래서 화장실도 너를 업고 다녔단다. 혼자 있기를 싫어했을 뿐 순하기는 매한가지였어.

그런데 첫 번째 시련이 닥쳤어. 그건 화곡동 새싹유치원 추첨에서 탈락되었지 뭐니. 그날 얼마나 속이 상했던지 엄마는 귀를 다 뚫었단다. 옆집 영호 엄마가 바늘을 불에 달궈서 생으로 뚫었으니 얼마나 아팠겠니. 그게 덧이 나서 병원에 다니고 난리도 아니었단다.

하지만 신영유치원에 입학해서 잘 다녔지. 엄마가 자전거로 데려다 준 것 생각나니? 그리고 6개월쯤 지나 재롱잔치 연습을 시작했는데, 넌 발레를 하고 싶어했지. 그리고 열심히 연습해서 12월 재롱잔치 때 얼마나 돋보였는지 모른단다.

"재, 뉘집 딸이야? 정말 잘한다."

엄마들 모두 칭찬이 자자했어. 그 말을 들으면서 내가 얼마나 흐뭇하고 우쭐했었는지 아니?

초등학교에 입학하고 나서 며칠 안 된 어느 날, 깜짝 놀랐어. 저녁을 먹고 나서 네가 책가방을 들어다 거실 맨 끝 자리인 신발장 앞에 갖다 놓는 거야.

"지숙아, 왜 거기다 가방을 갖다 놓는 거야?"

"엄마, 내일 아침 학교에 갈 준비를 해놓는 거예요."

너의 그 준비성에 탄성을 올렸단다.

보통 아이들은 엄마 아빠가 시켜도 잘 듣지 않는데, 너는 스스로 그렇게 했지. '될성부른 나무는 떡잎부터 안다' 는 속담대로 너는 분명 잘될 거라는 예감이 들었단다. 참으로 착하고 모범적인 나의 딸이었지.

지숙아, 춤은 너의 전부였다. 네가 춤을 배우는 동안 내가 행복을 누렸던 추억을 상기하고 싶구나.

초등학교 때 봄가을로 워커힐 무대에서 발표회를 할 적마다 식구들이 총동원되어 얼마나 감동했는지 몰라. 또 KBS '장수무대' 프로그램에서 어르신을 위한 공연을 했을 때, 카메라 감독님이 너를 제일 많이 비춰 주었어. 오죽하면 다른 엄마들이 카메라 감독님과 짠 거 아니냐고 물었단다. 물론 그런 일은 없었고, 내 생각에 너의 춤사위 '선' 이 예뻐 보였던 모양이야.

초등학교 3학년이던 어린 네가 화곡동에서 서대문까지 하루도 빠지지 않고 고등학교 졸업 때까지 다녔다는 것은 춤에 대한 열정과 집념이 없었다면 불가능했을 것이다. 그 십 년 동안 네가 활동한 것을 여기에 다 펼쳐 보일 수는 없지만, 엄마 아빠의 인생에서 참으로 뿌듯함과 보람을 느끼게 해 주었다.

하지만 대학 졸업 후 아쉬웠던 건 국립무용단에 들어가지 못한 것이다. 그래도 경기도립무용단에 입단하였고, 더 나아가 한국문화예술사절단으로 외국 출장을 다니는 네가 자랑스러웠다.

그런데 가끔 네게 '철학적인 가슴을 갖도록 해라' , '철학적인 깊이를 표출해 보라' 고 채근했었지. 그것은 무용계의 훌륭한 지도자가 되기를 바랐기 때문이었다. 그러나 너는 무대가 더 좋다고 했단다.

지숙아, 화곡동에서 목동 아파트로 이사 와서 어느 날 엄마가 급작스런 스트레스로 눈이 보이지 않게 되었었지. 그때 병원 침대머리에서 엄마를 내려다보며 흐느껴 울던 너의 모습을 보았단다. 세상에 하나밖에 없는 내 편, 내 딸이었다. 그날 이후 나는 딸을 위해, 가족을 위해 가슴 가득히 섬기는 부처님을 향해 간절히 기도했다.

"부처님이시여, 남편과 아들딸을 위해 아직 할 일이 많습니다. 제 마음 한 점까지 모두 바쳐 기도드리오니 살려 주십시오."

다시 살아난 지금, 내 딸 지숙아, 너를 위해 해 준 것이 없어 일일이 헤아릴 수가 없구나. 그런데도 좋은 딸로 내게 따듯하게 해 주어서 고맙다. 참으로 고맙구나.

글쓰기가 가정도 사회도 바꾼다

최 명 환

공주교대 명예교수

1. 왜 쓰는가

사람은 연대에 따라 세 가지 주제로 고민한다. 10대에는 왜 사는가, 20대에는 무엇을 할 것인가, 30대에는 어떻게 살 것인가의 문제다. 이를 간명하게 존재이유, 인생목표, 실천방법이라고 가름할 수 있다.

이러한 연대의 사유체계는 오랜 동안 개인의 생각을 공동체의 덕목으로 학습해서 이루어 낸 결과다. 여기에 가장 크게 영향을 미친 요소가 욕구다. 욕구를 쉽게 생리적 욕구와 이지적 욕구로 나눌 수 있다. 생리적 욕구는 식욕食慾, 면욕眠慾, 성욕性慾, 안욕安慾이고, 이지적 욕구는 공감, 존경, 실현 욕구다. 생리적 욕구가 소년기와 청년기에 왕성하다면 이지적 욕구는 장년기와 노년기에 두드러지게 나타난다. 이런 욕구는 결핍과 과잉 증상으로 문제를 일으키기도 한다.

욕구 조절의 바람직한 방향 탐색은 우리 사회의 거대담론으로 떠올랐다. 욕구의 부정적 의미는 탐욕이다. 탐욕은 과잉 욕구로 당연히 조절 대상임에 틀림이 없다. 백세 시대라면서 모두가 백 살 넘게 살겠다고 야단이다. 신생아는 보기 드물고 노인들만 흘러넘치는 세상을 상상하면 걱정된다. 100세가 넘어 하는 일 없이 세월을 보내야 하는 인구가 늘면 그에 비례해 엄청난 사회비용을 감당해야 한다. 그러면 늙은 사회가 가치로운 사회 진화를 방해할지도 모른다.

방승순 여사는 《흑석동 산 1번지》에서 백세 시대의 욕구 충족 방법을 제시한다. 그는 청운의 꿈을 품고 상경하여 실업계 고등학교에 진학하고, 배우자를 만나 아들딸 낳아 잘 길렀다. 시어머니의 서릿발에 병원 치료까지 받았으면서 거뜬하게 회복하여 60대부터 새 출발을 하였다. 존재이유를 밝히려고 인생목표를 다시 설정하고, 참다운 실천방법으로 《흑석동 산 1번지》를 일구었다. 그때그때 쏘지 못해 쌓아 둔 화살을 글발로 엮었다.

2. 무엇을 쓰는가

《흑석동 산 1번지》는 문학 갈래로 말하면 수필집이다. 손광성은 수필을 가치 있는 체험을 정제된 언어로 독자에게 직접 전달하는 열린 형식의 문학이라고 정의한다. 이런 수필을 방승순 여사는 사서전처럼 썼다.

유복녀로 태어난 시대의 슬픔을 백세 시대에 맞게 욕구를 충족해 온 삶의 과정이 서사작품 못지않다. 그는 홍성 갈산중학교 재학 시절 백일장에서 '차상', 이른바 은상을 받았다. 그 수상이 평생 동안의 꿈을 서사 언어로 탈바꿈하는 동기가 되어 주었다.

방 여사의 수필은 삶을 언어로 바꿔 놓은 기록이다. 독립자금을 대었다는 아버지의 항일 활동에 대한 자존감은 자아정체성의 근본이 되었고, 고향집은 꽃대궐, 이후 자녀들의 성취가 가문의 열매로 여물었다. 고등학교 시절의 은사님을 초청한 동창들의 만남, 세월과 인물이 빚는 새로운 환경, 윗대와의 결별과 새 세대에 거는 기대, 가족 구성원의 잠재된 갈등보다 소통하는 화해의 감동, 친지와 어울려 만들어 내는 생태 환경의 아름다운 표현을 여기서 읽을 수 있다. 이런 배경에는 성장 환경의 영향도 컸으리라.

방 여사는 만해 생가와 2킬로미터 떨어져 있는 마을에서 나고 자랐다. 갈산중학교는 백야 김좌진 장군 생가가 바라보일 정도로 가까웠다. 집에서 5킬로미터를 통학하며 홍성의 최영 장군, 사육신 성삼문 선생도 우러러보았다. 그가 어디서 누구를 만나든지 옳지 않으면 시비를 가리는 모습에서 홍성정신을 느낄 수 있다. '홍주'와 '결성'을 통합하여 '홍성'이 되었으니 그가 쌓아온 성城이 결성에서 나왔고, 그는 홍주 사람답게 이름을 떨쳤다.

3. 어떻게 쓰는가

수필의 중심문장은 20자 안팎으로 충분하다. 우리말은 보통 4음절어가 많다. 시조의 경우 4음절어가 최빈수이고 중위수여서 기준음절수에 해당한다. 우리 타동사의 기본 문장이 4개 성분으로 이루어지므로 그 길이는 16자 안팎이다. 따라서 중심문장은 4개 어절, 16자 내외로 진술하면 바람직하다.

이 수필집 첫째 마당 10편 작품의 첫째 문장을 살펴보면 방 여사의 언어감각과 자아정체성을 확인할 수 있다. 10개 문장을 길이 순서로 배열하면 3개 어절이 2개, 4개 어절인 중심문장이 4개, 나머지 4개 문장도 율격 구조로 보면 4음보 구조다. 이처럼 담문談文, text의 첫 문장은 중요한 구실을 맡는다.

① 강화 섬 하정. 〈행복하게 사는 방식〉

② 수백 마리는 될 듯싶다. 〈무당벌레〉

③ 언니에게서 전화가 왔다. 〈뒤태가 멋지다고?〉

④ 정성들여 운동화를 빨았다. 〈풀꽃 선물〉

⑤ 해가 뉘엿뉘엿 넘어가고 있다. 〈오랜만에 받아본 꽃바구니〉

⑥ 나무늘보처럼 긴장이 풀어진 연속이었다. 〈도서관 풍경〉

⑦ 북창 너머 풍경을 몇 시간째 바라보고 있다.

〈소음도 친해지면 견딜 만하다〉

⑧ 하늘과 땅의 경계를 구분할 수 없을 만큼 눈이 내렸다.

〈순백의 향연〉

⑨ 피주 이트파크 성긴 살단 안에 국학가 그득히 피어 있다.

〈우연힌 민님〉

⑩ 차르르 바람에 밀려 왔다가 다시 평정심을 찾아 고요히 흘러가는 강물. 〈아네스의 노래〉

위 문장들은 더 큰 뜻을 품었다. '① 섬, ⑦ 풍경, ⑧ 땅, ⑩ 강물'은 땅(대지)의 구상물들로서 딸의 상징어에 해당한다. 여성의 정서와 언어의 상징이 등가를 이룬 보기다. 더욱이 '③ 전화가 왔다, ⑤ 넘어가고 있다, ⑥ 긴장이 풀어진, ⑧ 눈이 내렸다, ⑨ 그득히 피어 있다, ⑩ 고요히 흘러가는 강물' 등은 수동적 의미를 띤다. 여성 작가의 피동적 언어구조가 잘 드러났다. 따라서 방 여사의 언어구조와 함축의미는 정신지향과 실존유형의 일치를 보여 준다. 이만큼 《흑석동 산 1번지》의 문장구조는 튼실하다.

글쓰기의 기초는 문단쓰기라고 해도 지나치지 않다. 널린 문장을 어떻게 조직하여 작은주제[소주제]를 형성하는 것일까. 소주제를 잘 드러낸 문단은 치밀해서 문단 연결이 논리에 맞고 의미가 뚜렷해 구성을 뒷받침한다. 여러 문장이 어떻게 소주제를 떠받드는지 살펴보면 의미와 기능의 짜임에 놀라지 않을 수 없다. 다음 4개 문장은 눈내린 풍경에서 자연의 섭리를 깨닫는 단계가 절묘하다.

① 하늘과 땅의 경계를 구분할 수 없을 만큼 눈이 내렸다. ② 잘난 것이나 못난 것이나 넘치는 것이나 모자라는 것을 구별할 수 없을 정도로 시가지는 고요하고 평등해졌다. ③ 사람이 만든 구별과 편견을 지워 버린 눈의 위력이 대단할 뿐이다. ④ 인공적으로는 이런 풍경을 연출할 수 없으니 하늘이 고맙고 두렵다. 〈순백의 향연〉 첫 문단

①번 문장의 눈 덮인 세상에서 ②번의 고요와 평등을 누리고, ③에서 눈의 위력을 깨달으면 ④에 이르러 고맙고 두려운 섭리를 깨치게 된다. 이런 평등 세계를 햇빛이 밝음과 어둠으로 가르지만, 하늘과 땅이, 지위와 계급을 넘어 평등하게 어울려야 밝은 세상을 만든다. ①과 ②번 문장의 천부적 속성을, ③과 ④에서 자연의 섭리로 받아들이는 긍정의 철학이 이 문단의 속주제다. 이런 양과 음의 4개 문장이 의미를 결집하여 문단의 소주제를 선명히 드러내었다. 응집성의 원리가 문단 조직의 핵심 개념임을 알게 되었다.

이와 같이 수필은 짝수 문장으로 문단을 조직하고, 짝수 문단으로 담문을 구성해야 형식을 갖춘다. 이것이 산문의

짝수 지향 원리다. 18개 문장을 6개 문단으로 조직한 〈순백의 향연〉은 정제된 수필의 형식을 잘 갖추었다. 《흑석동 산 1번지》 수필 50편을 짝수로 구성한 기술 원리는 수필 창작 지망생들에게 좋은 본보기가 될 것이다. 형식과 원리를 깨쳐야 수필가가 될 수 있다는 증거로 이들 작품을 내놓을 만하다.

4. 어떻게 사는가

발 없는 말은 천 리를 가고, 발 없는 글은 만 리를 간다. 밤말은 쥐가 듣고 낮말은 새가 듣는다. 말이 공간의 의미전달이라면 글은 시간의 의미창조를 지향한다. 그래서 말로 현재의 소통을 꾀하고, 글로 미래의 화해를 꿈꾼다.

방승순 여사는 어린 시절 꽃대궐에서 어머니의 고전소설 낭송을 듣고, 언니들의 지극한 보살핌을 받으며 자랐다. 그의 서울살이는 이사와 관련이 깊고, 수필 창작은 서사의 밀알이 되어 움텄다. 그의 고향집 구조는 서사의 공간 구조에도 영향을 미쳤으리라.

여인국인 우리집 안채에선 저녁마다 소설 낭송이 이어졌다.

… 어머니는 소설 낭독에 천부적인 소질이 있어서 청중을 들었다 놨다 했으며, 장화홍련전을 낭독할 때는 참 많이 울었다. 또 유충렬전, 박씨전, 춘향전, 홍길동전, 특히 홍루몽전은 청중들의 요청으로 여러 번 읽어도 싫증이 나지 않았다. 심청전에서는 심학규와 청이가 만나는 대목에서 방안의 청중들 모두 환호성을 지르는 바람에 등잔불이 꺼지기도 했다.

〈벼룩이 서 말〉

이러한 상상력은 '흑석동 산 1번지'에서 탈바꿈한다. 바꿔 말해서 고전적 자연공간에서 실존적 사회공간으로 탈출을 꾀하게 되었다. 시골뜨기 고등학생이 사촌오빠 서재에서 공부하며 느꼈던 고독을 범람하는 한강의 물구경이 잘 말해 준다. "초가집이며 외양간과 뿌리째 뽑힌 나무들이 떠나려가는 것을 속절없이 구경할 수밖에 없었다." 뿌리 뽑혀 떠내려가는 나무는 어린 방승순의 내면의식이었을 것이다. 그래서 흑석동 등하굣길은 사회인식의 발판이 되어 주었다.

그때 나의 등하굣길은 골목시장으로 이어지는 포장도 되지

앓은 지독하게 가파른 북쪽 길이었다. 삶의 아우성으로 왁자한 시장, 수많은 노점 상인들은 너나없이 서로 먼저 팔려는 욕심으로 "싸구려!" 떨이를 목이 쉬도록 외쳐댔다. 그리고 멱살을 잡고 다투는 것이 일상이기도 했다. 그곳은 그런 아우성으로 하루해가 뜨고 하루해가 저물어 갔다.

〈흑석동 산 1번지〉

이러한 사회인식은 새로운 인간관계를 어떻게 형성할 것인가에 영향을 미쳤다. 장래의 설계도를 그려 보지 않은 젊은이는 장래의 삶도 보장하기 어렵다. 바다에서는 파도와 싸워야 하고, 뭍에서는 바람과 맞서야 세파를 이길 수 있다. 그의 눈높이가 높거나, 동반 조건이 까다로워서가 아니었다. 우유부단한 성격, 미온적 태도로 뜨거운 젊음의 바퀴를 돌릴 수는 없지 않은가.

그에게 묻고 싶었다. 어떤 계획을 세우고 있으며 나와는 어떻게 이어가고 싶은지. 그러나 그는 아무 말도 하지 않았다. 어색했다. 무슨 분명한 언질을 주기보다는 그저 그렇게 넘어가고 싶은 것이라고 나는 짐작했다. 그런 그에게서 아교

질 같은 끈적거림은 느껴지지 않았다. 〈탐색전〉

이 세상에 아교질 같은 남자를 무당벌레에게 빼앗긴 여자는 많다. 무당벌레는 하늘을 날고 진딧물을 잡아먹는 익충이기에 퇴치는 더 어렵다. 수컷 남자들이란 남의 편이라서 '남편'이고, 암컷 여자들은 땅의 사람이라서 딸이잖은가. 무당벌레 퇴치 방법을 방승순 여사의 수필에서 읽을 수 있다.

남편은 한때 바람처럼 떠돌았다. 그때 상대 여자를 '무당벌레'라고 비난했던 적이 있다. … 오죽하면 이다음에 무당벌레로 다시 태어나고 싶다는 생각까지 했을까. 〈무당벌레〉

꽃바구니다. 분홍 장미와 백합이 바구니 속에서 흐드러지게 웃으며 내다본다. 집안 분위기가 환해졌다. 기쁨과 설렘이 교차하는 순간, 이상하게 가슴이 싸해진다. 그와 맺은 인연의 꽃술 속에서 나는 바동거리던 무당벌레였다. 때로는 절벽에 홀로 선 작은 소나무처럼 외돌기도 했다.

〈오랜만에 받아본 꽃바구니〉

우리 삶은 왜 고난과 행운의 파도를 타야 하는 것일까. 시어머니와 며느리, 시누이와 올케의 갈등이라면 남편은 남의 편이 되어야 한다. 문제를 시간과 상황에 알맞게 듣고 삭이면 되기 때문이다. 그런데 뜻밖에도 불길이 시누이와 시어머니의 문제로 며느리에게 옮겨 붙으면 상황이 달라진다.

직장도 찾지 못하고 혼기까지 꽉 찬 시누이가 독립하겠다고 어머니에게 집을 얻어 달라면 답답한 사람은 아들과 며느리일 수밖에 없다. 돈도 돈이고 삼복염천에 딸을 독립시켜야 하는 시어머니의 울화를 이해 못할 바 아니다. 다만 며느리가 시누이의 파편을 맞고 급성망막괴사증에 이른 상황이 꽃바구니 행운 뒤에 숨겨진 무당벌레의 고독이고, 또 다른 고난이 아닐 수 없다.

> 이상 증세는 다음 날 아침 찾아들었다. 아침 준비를 하려는데 시야가 흐릿했다. 머리를 이쪽저쪽 흔들어야 간신히 물체의 초점이 잡혔다. 일시적인 현상이려니 생각하면서 아침 식사를 마치고 가까운 안과에 갔다. 〈어둠의 장막을 걷어내며〉

방 여사는 손상된 망막 수술을 받고 3주 동안 입원해 치료를 받았다. 그때 딸 지숙이 병상을 지켰고, 남편이 살림을 맡았다. 9개월 뒤 재수술을 받고서야 옆에 있는 남편이 흐릿한 시야 속으로 들어왔다고 한다. 그는 어떻게 시력을 회복할 수 있었을까. 의사의 기술을 도운 환자의 기도가 '눈길'을 열어 주었으리라.

> 나는 틈틈이 기도를 했다. 기도 내용은 '누구도 원망하며 살지 않게 해 달라'는 것이었다. 이대로 영영 앞을 보지 못한다면 그 원망이 가족에게로 향하고, 의사에게로 향하고, 다른 누군가에게로 향할까 봐 몹시 두려웠다. 그래서 나를 다 비워 내 빈 껍데기가 되고자 했다. 〈왜 이렇게 늙었어요〉

건강을 회복한 방 여사의 시력은 홍성의 결기로 어둠과 맞선다. 불친절하게 난폭 운전하던 택시기사는 승객이 차대번호를 적자 얼굴에 침을 뱉었다. 승객이었던 방 여사는 안경에 묻은 침을 증거물로 제시하기 위해 창틀 햇볕에 말린 다음, 그 증거물을 들고 택시회사 상무를 찾아가 상무 앞에서 기사의 사과를 받아내었다. 그는 만원버스

안에서 발을 밟았다고 고함을 지르는 동대문 폭력배들 앞에서도 당당하다. 더욱이 지하철 안에서 학생이 자리를 양보하지 않는다고 지팡이로 바닥을 치며 불호령하는 노인에게 쓴소리도 마다하지 않는다. 이런 실천이 어떻게 살아야 하는가의 증거들이다.

5. 어떻게 푸는가

방승순 여사는 오래된 집안의 불화를 극적으로 묘사하여 화해의 참다운 모습을 보여 주었다. 그는 시집의 고부갈등을 투병 과정에서 기도와 인내로 극복하였고, 친정의 고부갈등은 이승과 저승의 화해로 풀었다. 친정어머니의 임종에서 고부갈등의 원형을 볼 수 있다. 세상의 어머니들은 당신들을 괴롭힌 시누이가 당신들의 아들딸을 귀여워하는 우리의 고모들임을 가끔 잊는다. 더러는 이승의 벼룩도 화해의 실마리가 되어 주는 것을.

"어머니 누구 보고 싶으세요?"

내 말을 알아들으셨는지 아주 희미하게 말씀하셨다.

"벼룩이 서 말."

어머니 곁에 둘러앉았던 우리 형제들은 깜짝 놀랐다. 그건 고모를 찾는다는 것이었다. … 왜 고모가 벼룩이 서 말이냐고 언니에게 물었더니, 어머니 젊어 하도 벼룩처럼 쏘아붙이는 시누이 행세를 한다고 해서 붙은 별명이라고 했다. … 늦은 점심나절에 고모가 오셔서 어머니 귀에 대고 속삭이듯 말씀을 하셨다.

"형님~ 나 보고 싶었어요?"

어머니는 입꼬리를 살짝 올리며 반응을 보이셨다.

"형님~ 편안하게 떠나세요. 거기 가서 오라버니 만나면 안부도 전해 주세요."

갑자기 어머니 얼굴이 평안해 보이더니 딸꾹질을 하셨다. 그 소리가 이 세상을 하직하는 어머니의 마지막 소리였다.

〈벼룩이 서 말〉

방승순 여사는 참회와 각성으로 거듭났다. 고난을 행운의 열쇠로 만들었다. 나이테가 고스란히 담긴 딸 지숙이의 성장 과정이 몸통이 되어 주었다면, 손자 상현이와 손녀 시현이의 공간지각력은 앞으로 날개를 달아 주리라. 여덟 살짜리가 지하철 1, 3, 5호선 역명을 다 외워 어린

오누이가 경쟁을 벌이다니 놀랍다. 게다가 축구 조기교육을 받는 외손자 민규네 식구와 함께 동해안으로 여행하는 가문의 이동이 참신한 발상이고 축복이다.

이 수필집에서 고난과 행운의 핵심 개념인 인내를 터득할 수 있다. 보지 못한 아버지와 함께 산 어머니에게서 느끼는 운명의 비애, 처음 만난 이성에 대한 불확실성, 남편에 대한 불편한 진실, 시어머니에 대한 감정의 심연, 시누이에 대한 오해, 식구들과의 고난이 행운의 발판이다. 그래서 시집 간 딸네까지 울타리를 넓히자 사위가 행운의 식구가 되어 준다. 〈초록빛으로 기억되는 것들〉, 〈어둠의 장막을 걷어내며〉, 〈왜 이렇게 늙었어요〉, 〈벼룩이 서 말〉, 〈상현 시현이를 기르며〉, 〈내 딸 지숙아〉가 이 수필집을 빛낸다.

그런데 이들 작품의 문단 수가 14, 20, 24, 30개 분포를 보인다. 수필 작품이 12개 문단을 넘어서면 주제가 하나가 아니다. 〈순백의 향연〉이 6개 문단, 〈흑석동 산 1번지〉와 〈시장통 사람들〉이 12개 문단인 까닭이다. 고향 풍경, 사회 적응, 갈등과 화해, 관계 형성을 부정과 긍정의 변증

법으로 구성하더라도 엄격한 형식의 통제를 받아야 한다. 내용을 형식에 담아야 하는 갈래 특성과 원고분량은 필연적인 관계이고, 독자와의 약속이기 때문이다.

6. 무엇이 남는가

고려청자와 조선백자가 세계에서 높이 평가받는다. 이런 자기보다 고려의 금속활자가 문화사에서 더욱 값지다는 사실을 모르는 사람은 없다. 이제 그보다 아름다운 수필청자와 수필백자를 꿈꾸어야 한다. 자기瓷器가 아름다울진댄 문학도 찬란해야 마땅하다. 빚기와 쓰기가 만들기를 뒷받침해야 한류를 더욱 빛낼 수 있다.

수필쓰기는 모든 갈래 글쓰기의 기초다. 서사와 묘사, 조직과 구성, 수사와 문체로 문학 특성을 드러내는 갈래, 이런 수필은 국민 모두가 작가가 되어야 한다는 말이기도 하다. 따라서 수필문학이 가족문학, 마을문학, 지방문학, 한국문학의 바탕이 되어야 한다. 《흑석동 산 1번지》에 깃든 원리가 수필 창작 기법으로 활용되기를 바란다.

육신은 썩지만 영혼은 썩지 않고, 말은 사라지지만 글은 살아남는다. 백세를 꿈꾸려면 몸보다 맘을 다스려야 하고, 말보다 글로 서야 맞다. 나이를 먹을수록 읽고 쓰면서 글길을 가면 곱게 늙고 치매도 예방할 수 있다. 방승순 여사의 노년이 이를 증명한다.

예나 이제나 종로3가보다 1가가 낫다. '종3'의 쭈그러진 모습보다 교보문고의 따끈따끈한 신간 표지가 눈부시지 않은가. 우리의 서재書齋가 짱짱해야 문체文體도 힘센 소리를 낸다. 글소리가 가정도 사회도 바꿀 수 있기 때문이다.

흑석동 산 1번지

펴낸날 초판 1쇄 2016년 11월 1일

지은이 방승순
펴낸이 서용순
펴낸곳 이지출판

출판등록 1997년 9월 10일 제300-2005-156호
주 소 03131 서울시 종로구 율곡로6길 36 월드오피스텔 903호
대표전화 02-743-7661 팩스 02-743-7621
이메일 easy7661@naver.com
디자인 박성현
인 쇄 (주)꽃피는청춘

값 13,000원

ISBN 979-11-5555-049-0 03810

이 도서의 국립중앙도서관 출판예정도서목록(CIP)은 서지정보유통지원시스템 홈페이지(http://seoji.nl.go.kr)와 국가자료공동목록시스템(http://www.nl.go.kr/kolisnet)에서 이용하실 수 있습니다.(CIP제어번호: CIP2016018741)